大展好書　好書大展
品嘗好書　冠群可期

大展好書　好書大展

品嘗好書・冠群可期

形意 拳系列 10
大成

王映海傳
戴氏心意拳精要

附 DVD

王映海　口述
王喜成　主編

大展出版社有限公司

謹以書紀念戴氏心意拳大師

王映海先生誕辰九十一周年、逝世五周年

並獻給

所有尋求武術之道的人們

編 委 會

主編

王喜成

編者

張全海　　趙肖波

駱　琛　　袁天輝

黃志宇　　蔣　濤

戴家是祁縣為數不多的富豪之一，被稱為晉商，歷代在全國範圍內經商。圖為王映海在戴隆邦故居前演示心意拳

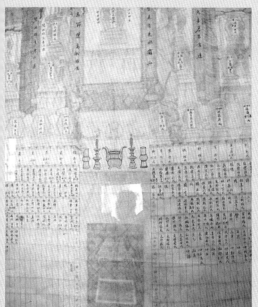

戴氏神軸，記載著戴家歷代先祖的名字

戴隆邦宗師紀念碑

河南省廣盛鏢局，是戴隆邦、戴二閭、戴大閭、郭維漢等人與其他武術家交流、探討拳藝的場所之一

晉商鏢局所用鏢車

戴隆邦故居走廊中天花板上的壁畫，傳說每幅畫表現的都是拳譜

2011年7月，王映海與王喜成應邀參加在北京舉行的非物質文化遺產——戴氏心意拳研討交流大會

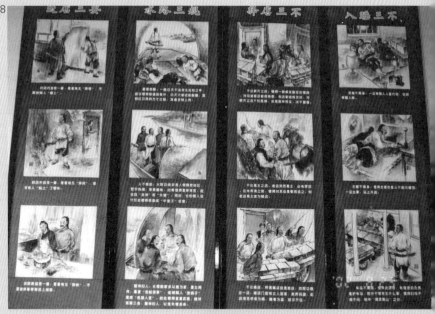

圖中表現了鏢師的思維方
式和生活中應當注意的事項

2008年5月，王喜成與爺爺王映海
攝於日本松山練習會期間

王映海在日本講解戴氏心意拳

2009年9月，王映海（前排坐者中）、王喜成（前排坐者左）受袁天輝（前排坐者右）邀請赴日講拳時留念

王喜成夫婦與徒弟在收徒儀式上。左起：呂趙軍、任永麗、王喜成、劉淑華、公衍峰

王喜成與日本同門及弟子。前排左：村上正洋（日本福昌堂武術雜誌總編輯）；前排右：江口博（日本祁縣映海戴氏心意拳俱樂部東京分會代表、王映海弟子）；後排左：神谷龍光（王喜成弟子）、江頭正泰（王喜成弟子）

王喜成（二排左起第十二人）出席首屆戴隆邦心意拳高峰論壇

2016 年 10 月 30 日王喜成於北京收徒儀式上。左起：梁治國、趙肖波、張玉牛、張全海、黃志宇、王喜成、王躍平、蔣濤

王喜成與徒弟合影於戴隆邦故居。前排左起：趙肖波、劉淑華、王喜成、張玉牛、張海柱。
後排左起：秦長偉、呂趙軍、公衍峰、李建磊、王存池、梁治國

序 一

　　我幼時就喜歡聽評書《童林傳》，深受中國傳統武俠文化影響。

　　近三十年接觸了很多傳統武術和傳承人，由形意拳術而始知戴氏心意拳，頗懷溯源之意。後結識戴氏心意拳傳人王喜成，觀其拳路能守古格，令人眼前一亮，為其祖父王映海先生所傳。喜成居於鄉野，為人乾脆豁達，使我有幸能窺戴氏心意之一斑。結識喜成後，常懷心願將他和戴氏心意拳介紹給北京的朋友。

　　2011年6月24日，我將王映海、王喜成請到北京，在「對外經貿大學成立六十周年」活動中，王映海前輩及王喜成對戴氏心意拳的源流、拳理、技法進行了生動細緻的講解，深受在場觀摩的武術行家們的讚譽。

　　一次偶然的機會，喜成將日文版《戴氏心意六合拳技擊精要》一書拿給我翻看，我發現這本書編寫非常用心，整體框架完整系統，要領描繪細緻準確。這麼高品質的傳統武術書籍國內少有，遂有了幫王喜成將日文版書籍翻譯成中文並回歸國內出版的想法。

　　此事得到了蔣濤、駱琛、張全海的大力回應，緊張的一年多時間完成了整個翻譯、修改、校對工作，終於能夠出版發行。此書我參加了部分整理工作，大量工作都是由蔣濤、

駱琛、張全海完成。看到最後出版成書，遂有心願已了的感慨。

　　也祝喜成能夠繼續精研拳理，百尺竿頭再進一步。

黃志宇

序 二

作為 20 世紀 70 年代生人，小時候深受武俠小說和功夫片的影響，我對於武功絕學充滿嚮往，大學時代學過太極拳和一指禪等，走入工作崗位後便忙碌起來，無暇顧及。

2006 年，因為身體方面原因，想學習傳統武術。傳統武術門派眾多，每個門派裡面又有眾多流派，對於武術愛好者來說選擇也不容易。

我有幸結識了武術萬維網創始人黃志宇，他這些年透過萬維網接觸到很多的武術名家，王喜成師父是其中很有特色的一位。王喜成年紀不大，但功夫很純，講解拳術簡明扼要，沒有過多的玄虛包裝，都是實在的道理。他把生活的經驗結合到拳譜拳理和親身演練來講解，很多自己不清楚的問題經他一分析，豁然開朗。

我跟隨王喜成師父學習心意拳三年，收穫非常大。戴家心意拳有清晰的功夫成長系統，內家拳三大流派──太極、形意、八卦，其共同核心是內功，以內動帶動外動，「意到氣到，氣到勁動」，內功上身，才算走上功夫之路。可是如何練出內功來，各家門派或者秘而不宣，或故弄玄虛繞很多彎路，或者缺乏系統而有步驟的訓練方法，所以，不少習練內家拳多年的朋友，卻不知道真正的內功怎麼練出來。

戴家心意拳有一套系統的練習步驟。

第一步是身法——戴家拳的核心秘密蹲猴樁，也是中國功夫的瑰寶。透過蹲丹田，束展縮漲蓄養出丹田的內勁。

第二步是步法——搬丹田，把丹田勁發到腳上和手上，所有的手腳動作都由丹田發動。

第三步拳法，透過不同招式練習各種勁的發放。按照這個步驟，功夫成長過程一步步很清晰。

王喜成師父教拳也很有辦法。身法鍛鍊很枯燥，就是一個束展的動作，可是要求很高，細節各部位要練好很不容易。王師父根據學生徒弟的不同功夫程度，針對性地提出不同階段的要求，引導學生分階段掌握要領。

很多人學拳堅持不下去，就是練拳得不到有效的回饋，不知道如何有效地進步和提高。而依照王師父的針對性要求學習身法的時候，自己能清晰感受到階段性的進步，就有興趣和動力能堅持學習下去。

作為忙碌的互聯網從業人員，我很擔心自己時間不夠、練不好拳，但王喜成師父說：最關鍵的是練習方法正確，練拳的品質（正確率）比數量更重要，每天二十分鐘到半小時正確的練習就夠了，長時間練習錯誤率多，不如時間短卻正確率高的練習。這個道理很有意思，透過正確的練習形成「身體記憶」，才能更好地掌握要領。

練習心意拳對身心健康都有很大益處，一趟蹲猴樁練下來，手指肚、腳趾都有明顯發脹的感受，氣血循環達到末梢。生理健康和心理健康也有緊密聯繫，不好的情緒和心理會導致身體的疾病，反過來身體疾病也會引發不良的情緒，而身體氣血通暢會帶來心情舒暢。

　　所以，我們看到很多學習內家拳治好多年疾病的例子，民國著名人士章乃器三十多歲曾因勞疾暈倒在辦公室，習練形意拳幾個月後身體就感覺大好，可以健步數公里。為此他經過一番研究，專門著書《科學的內功拳》，闡述內功拳鍛鍊為什麼帶來身心健康，核心點就是避免不必要的緊張。

　　王喜成師父教拳最常說的一句話：生活中自然的樣子是什麼，練拳放鬆的要領就是這個。

　　只要按正確要領練習，健康就會來到；按照步驟逐步成長，內家功夫也會上身。戴氏心意拳是中國武術的瑰寶，衷心期待更多朋友加入戴氏心意拳的行列。

蔣　濤

序 三

2012年1月底，我拿著這本書（日文版）的稿子和錄影拜訪了家師王映海先生。那時候，師父已經開始了與病魔的決戰。

我在祁縣師父家中逗留了幾天，每次去看望師父，老人家一邊看著稿子和錄影說：「好，很好！」一邊給我講解戴氏心意拳的歷史和內容。

有一天，我去看他，他躺在床上，拉著我的手說：「這樣打，得這樣打才對。」老人家已經不能站起來了，但是精神和我拜師的時候一模一樣。坐在他身邊的我被他控制，完全失去了平衡。

他病了，他瘦了，但是他的意志還是那麼的堅強。師父還是師父，從來沒有變。

1997年，我開始向師父學習戴氏心意拳。映海師父和仲連師兄、喜成……一起熱情地教導我這個沒有才華的人。

2009年，祁縣映海戴氏心意拳俱樂部（此俱樂部在日本）分別在5月和9月邀請師父東渡，給日本的眾多武術愛好者帶來了學習戴家拳的機會，得到無數讚譽。此後，我們每年邀請喜成來日本教拳，使戴氏心意拳在日本紮根。

這本書的日文版出版於2012年3月。由師父監修，喜成老師起稿，徐濠翻譯，最後由本人根據日本人的習慣加以補

充，以「不愧對戴氏心意拳的傳統」為目標而著。

　　日文版出版以來，深得讀者好評。讀者認為，這本書具有戴氏心意拳的科學性、哲學性和教育性，是一本超出武術書籍範圍的佳作。

　　這次，這本書終於可以在生養戴家拳的故鄉中國出版。如果能得到中國讀者的好評，我作為一個日本的戴氏心意拳練習者，會感到非常地高興！

　　　　　　　　　　　　　　袁天輝　於日本

自 序

《王映海傳戴氏心意拳精要》一書付梓出版，我甚為喜悅欣慰。戴氏心意拳和我國許多拳種一樣，是民族文化傳統武學的瑰寶，其獨特的拳理功法訓練體系日益受到海內外武術愛好者的關注。

戴氏心意拳本是戴家秘傳拳法，基本是族內傳承，所以有「只見戴家拳打人，不見戴家人練拳」之說。直到戴魁先生才始傳與眾多外姓門人。

祖父王映海作為戴魁傳授的佼佼者之一，為戴氏心意拳的繼承和傳播做出了重要的貢獻，海內外從學者甚眾。本書的面世，上可告慰祖父在天之靈，下可傳留後人拳學理法，為弘揚戴氏心意拳留存了珍貴的資料。

本書出版的緣起是：祖父在日本教拳時，有位學生叫原田惠二（中文名袁天輝），是一位小學老師，多才多藝，對中國文化頗有興趣，跟隨祖父學習戴家心意拳多年，尊師重道。他用時兩年多編寫了日文書《戴氏心意六合拳技擊精要》，在日本自費出版，並將著作權授權於我。

後來國內的武友看到這本書，發現書中很多漢字能看懂意思，尤其圖片製作精良，透過製圖非常直觀地描述拳術運動的勁路，極具參考價值。但畢竟書中日文無法理解，所以武友們很期盼出中文版。

　　黃志宇先生熱心武術公益事業，創立武術萬維網多年，吸引了全球武術圈內外的眾多專家學者和各拳種門派老師及愛好者，享有極高的聲譽。黃站長曾為推廣戴氏心意拳而邀請祖父王映海及其弟子包括我在內到對外經貿大學做交流講座，獲得良好的效果。此次聞知廣大武友出書的心聲，毅然決定傾力相助，玉成此事。

　　黃站長邀請了武術萬維網的資深網友蔣濤、張全海、駱琛等組成團隊，共同整理中文譯本。蔣濤先生是CSDN創始人、《程序員》雜誌總編輯以及極客幫創投合夥人，喜愛傳統武術，涉獵多家，經黃站長介紹與我相識，並學習戴家拳，後拜我為師。

　　此次出書工作的場地、設備、餐飲、住宿大多為蔣濤先生提供；張全海先生為人民大學博士畢業，現為人民大學《檔案學通訊》雜誌社編輯部主任，習練河南心意拳，對心意拳史頗有研究，曾實地考察，搜集資料，謹慎考證，寫過很多相關文章。駱琛先生是武術萬維網傳統中國版版主和佛學論壇版版主，酷愛傳統文化、道佛武學，對傳統武術知識瞭解豐富，文筆極佳，能夠將譯文及我對戴家拳的理念傳情達意地描述出來，且全程參與了本書的整理工作。還要感謝我新收的弟子趙肖波為本書補充資料。

　　我們一起逐字逐句校對譯文，訂正了文中錯誤和不通之處，原書中沒有寫到的祖父傳的口訣和我多年的練拳經驗也補充到適當章節，希望給本書增彩，給愛好戴家拳的武友多些回饋。

　　由於大家都有自己的工作，平時都比較忙，很難聚在一

起，所以這個工作持續時間也比較長，用了兩年左右時間分段編校，最後完成全書的整理。在此，我對黃志宇、蔣濤、張全海和駱琛琛表感謝，沒有他們的大力支持和積極參與，本書是很難完成的。

促成本書出版的還有王躍平老師。喜歡武術的同道可能都知道山西科學技術出版社，該社近年出版了很多武術專著，大部分都是王躍平老師參與策劃的。王老師退休後受聘於北京科學技術出版社，在當今這個物慾橫流、誘惑遍地的時代，作為資深出版人，王老師堅守在傳統武術這個小眾文化陣地上精心耕耘，發掘整理出版了很多有價值的武學書籍，對武術的傳播與繼承有很大貢獻。初期的組稿會談中，王老師就問我書裡有沒有「乾貨」，意思是希望書中要有真東西，王老師還說這是要留給後人的，意思是著書立說流傳後世，應該不愧對祖先、不貽誤後學，留下有真材實料、有價值的東西。在此衷心感謝王躍平老師。

我從小跟祖父學拳，祖父對我耳提面命、口傳心授，經過多年習練，拳藝不斷提升，得到很多朋友的認可，有慕名前來與我學拳的，我也奔波於國內外去教拳，習拳、教拳都積累了很多經驗。這次出書，對我既是一個學習的過程，也是一次總結。由於我們水準有限，時間緊迫，書中存有這樣那樣的問題，尚請諸位賢達多多包涵，不吝指正，以期使我們的作品更加完善圓滿。

王喜成

目 錄

介紹篇

傳 承 ⋯⋯⋯⋯⋯⋯⋯⋯⋯⋯⋯⋯⋯⋯⋯⋯ 29

1. 戴氏心意拳的歷史和傳承 ⋯⋯⋯⋯⋯⋯⋯ 30
   ・歷史概要 ⋯⋯⋯⋯⋯⋯⋯⋯⋯⋯⋯⋯⋯ 30
   ・戴氏心意拳傳承者 ⋯⋯⋯⋯⋯⋯⋯⋯⋯ 31
2. 武藝的傳承——武德和技藝的修養 ⋯⋯⋯ 48
   ・戴隆邦授拳規矩 ⋯⋯⋯⋯⋯⋯⋯⋯⋯⋯ 48
3. 學習武藝的心得——二勤、三知、二戒 ⋯⋯ 53
   ・習藝二勤 ⋯⋯⋯⋯⋯⋯⋯⋯⋯⋯⋯⋯⋯ 53
   ・習藝三知 ⋯⋯⋯⋯⋯⋯⋯⋯⋯⋯⋯⋯⋯ 54
   ・習藝二戒 ⋯⋯⋯⋯⋯⋯⋯⋯⋯⋯⋯⋯⋯ 55
   ・武藝的磨鍊 ⋯⋯⋯⋯⋯⋯⋯⋯⋯⋯⋯⋯ 56
   ・內外相見合一家 ⋯⋯⋯⋯⋯⋯⋯⋯⋯⋯ 58

基礎理論 ⋯⋯⋯⋯⋯⋯⋯⋯⋯⋯⋯⋯⋯⋯ 59

1. 陰陽五行理論與戴氏心意拳 ⋯⋯⋯⋯⋯⋯ 60
   ・陰陽學說 ⋯⋯⋯⋯⋯⋯⋯⋯⋯⋯⋯⋯⋯ 60

・陰陽交感互藏的條件和要素 …………………… 63

・陰陽學說與中醫學 ……………………………… 66

・戴氏心意拳中的陰陽交感互藏 ………………… 69

・戴氏心意拳中的陰陽關係 ……………………… 70

・天地人三才合一 ………………………………… 72

・養氣法 …………………………………………… 73

・養生效果 ………………………………………… 77

2. 戴氏心意拳基礎理論 …………………………… 79

・戴氏心意拳的特徵 ……………………………… 79

・練功介紹 ………………………………………… 83

技法篇

身 法 ……………………………………………… 89

1. 鍛鍊丹田 ………………………………………… 90

・丹田功概述 ……………………………………… 90

・預備姿勢 ………………………………………… 95

・丹田功練法 ……………………………………… 97

2. 產生勁力的條件之一「身法六要」 …………… 103

・身法與勁力 ……………………………………… 103

・身法六要 ………………………………………… 106

步 法 ································· 115

1. 搬丹田 ······························· 116
- 歌訣解說 ··························· 116
- 虎步 ······························· 121
- 虎步練習的三階段 ··············· 129
- 熊行步 ···························· 132
- 寒雞步 ···························· 136
- 寒雞步的勁力解析 ·············· 144

2. 產生勁力的條件之二「三節」 ······ 145
- 何為三節 ·························· 145
- 三節的妙用 ······················ 146
- 三節的作用 ······················ 148
- 三節合一 ·························· 149

3. 身法和步法要義 ···················· 151
- 戴氏心意拳要義解析 ············· 152
- 束鑽抖擻剎的發勁力學 ·········· 154
- 束鑽抖擻剎的步法體現 ·········· 157

手 法 ································· 165

1. 手法的基礎 ························· 166
- 摘要 ······························· 166
- 六合勢 ···························· 167

2. 基本手法 ··························· 169
- 雙把 ······························· 169

・撥浪鼓手 ………………………………… 182

五行拳 ……………………………………… 189

1.陰陽五行和五行拳 …………………… 190
・陰陽五行說 ……………………………… 190
・五行拳和內五行、外五行 ……………… 196

2.五行拳 …………………………………… 207
・劈拳 ……………………………………… 207
・崩拳 ……………………………………… 220
・躦拳 ……………………………………… 229
・炮拳 ……………………………………… 241
・橫拳 ……………………………………… 252

四 把 ……………………………………… 267

1.四把的動作說明及用法 ……………… 268
・四把 ……………………………………… 268
・四把用法 ………………………………… 283

2.產生「勁力」的條件之三六合 ……… 294
・武術掌握階段 …………………………… 296
・丹田養成的四個階段 …………………… 297

用 法 ……………………………………… 301

1.十大形 …………………………………… 302
・龍形用法 ………………………………… 302
・馬形用法 ………………………………… 303

· 鷹形用法 ································ 304
· 熊形用法 ································ 305
2. 其他用法 ································ 307
· 白鶴亮翅用法 ························ 307
· 捉邊炮用法 ·························· 308
· 躦拳用法 ···························· 309
· 摟把用法 ···························· 311

磨 手 ···································· 313

· 要領 ································ 314
· 練法 ································ 314
· 技擊練習 ···························· 318

附　錄

王映海技擊集 ···························· 321

學藝問答錄 ······························ 327

· 心意拳基礎 ·························· 328
· 蹲猴樁 ······························ 332
· 步法與技擊 ·························· 335

心意拳拳譜 ······························ 339

· 十六注法 ···························· 340

・講四梢 ………………………………………… 344

・講五虎 ………………………………………… 345

後記 …………………………………………… 348

傳承

1 戴氏心意拳的歷史和傳承

• 歷史概要

　　相傳，岳飛為心意拳鼻祖，神槍姬際可則是中興心意拳的一代宗師。歷經數代，戴隆邦家族發展了心意拳。戴氏心意拳是一種神秘的拳法，直至第四代都只傳給極少數人。李洛能學到戴氏心意拳後，創出了形意拳，並在山西、河北等地傳授，其弟子遍佈中國各地。後來，澤井健

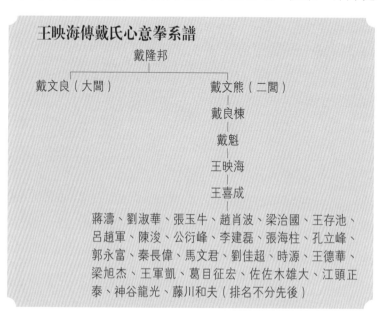

王映海傳戴氏心意拳系譜

　　　　　　　　　　戴隆邦
　┌─────────────┴─────────────┐
戴文良（大閭）　　　　　　　戴文熊（二閭）
　　　　　　　　　　　　　　　戴良棟
　　　　　　　　　　　　　　　　戴魁
　　　　　　　　　　　　　　　王映海
　　　　　　　　　　　　　　　王喜成

蔣濤、劉淑華、張玉牛、趙肖波、梁治國、王存池、呂趙軍、陳浚、公衍峰、李建磊、張海柱、孔立峰、郭永富、秦長偉、馬文君、劉佳超、時源、王德華、梁旭杰、王軍凱、葛目征宏、佐佐木雄大、江頭正泰、神谷龍光、藤川和夫（排名不分先後）

一在中國跟隨王薌齋學習意拳（由形意拳演變而來），並在日本創立並普及了太氣拳。

戴氏心意拳傳授至第四代傳人戴魁之後，隨著時代變遷，拳法外傳，第五代衣缽繼承人王映海不僅將戴氏心意拳傳授給了國內習武者，同時指導美國、俄羅斯、日本等國外的眾多習武者，使戴氏心意拳這一中國武術瑰寶在全世界得到發揚和傳播。

·戴氏心意拳傳承者

戴隆邦

戴氏心意拳創始人戴隆邦

戴隆邦，祖籍山西祁縣小韓村，清中晚期時人，戴氏心意拳創始人。

根據《戴氏家譜》記載，戴氏家族曾有七人為官，大至巡邊大臣，小至七品縣令，官商一體，文武兩道，代有顯宦，是既有馬術又有武術的多才門第。

清中晚期，戴隆邦與其子戴文良（大閭）、戴文熊（二閭）在河南賒旗開設廣盛鏢局。他重義輕利，堅持以武會友的宗旨，十幾年積極地與武術名家們切磋技藝，謙虛好學，博採眾長。戴隆邦將河南李政的心意拳、山東金世魁的螳螂拳等各家拳法精華融合在先祖戴芝傳承的家傳武學（蹲猴樁等）基礎上，創立了獨具特色的戴氏心意拳。

戴二閭

戴二閭，又名文熊、二驢，戴隆邦次子。戴家雖然盛名在外，但風險迭出，常有朝不保夕之感，便以山西地方風俗，越以賤物為名便越能長久平安。加上文熊力氣較大，脾氣暴躁，故取名二驢。

二驢功成名就之後，人們認為如此稱呼太過不雅，便用

戴二閭

諧音改「驢」為「閭」，以表敬意。戴二閭從小臂力超人，跟隨父親戴隆邦學習家傳武學，全面地繼承了戴家的拳械功法。

戴二閭練習戴氏心意拳的基本功蹲猴勢，與人交手時，一發功就能把人擊出二丈之外。成名之後，有商人請他為商行保鏢。回到故鄉山西時，當地武術名家甚多，與戴二閭交手者無人能勝出。之後，戴二閭離鄉三年學習武藝，再度回鄉，與其父共同開設了廣盛鏢局。

鏢局由其兄長戴大閭以及戴良棟、任志等任鏢師，活動範圍涉及山西、陝西、湖北、安徽、江蘇、山東、河北、北京、天津等地。

鏢局在走鏢時，鏢車插上寫有鏢局名稱的鏢旗，鏢師還要一路喊出鏢局的名稱，一為顯示鏢局的名聲，二為知會沿路江湖之人不要動邪念，也表示對沿途人們的尊敬。

因當時河北滄州為武術之鄉，各地鏢局為了表示對滄

州武界的尊重，一進入滄州界內就把鏢旗收起來，也不再喊鏢。

有一次，廣盛鏢局鏢走山東，路過滄州，因為剛入行，不懂規矩，一邊喊鏢一邊護送，滄州武界尹玉文等三名武師攔路興師問罪，戴二閭一再表示歉意，可是三名武師就是不依不饒，一定要與之交手，結果三名武師均敗北。自此「戴家拳」名聲大震，廣盛鏢局譽滿天下。

戴良棟

戴良棟（1824—1915年），廣盛鏢局時期的著名鏢師。戴二閭之子五昌去世後，挑選戴良棟為繼承人。他是祁縣縣衙捕快班頭，人緣好，武功好，祁縣的社會治安好於鄰近各縣。

戴良棟力擒黃河四匪的事蹟廣為流傳，傳說在他休致（退休）後，當地發生了一起洋人強姦漢女的大案，知縣為破案，不得不請他出山捉拿罪犯。戴良棟不顧年邁，為伸張正義，受命出山，他循物追偵，查到了洋教士的隱匿之處，但縣衙捕快不能進去直接抓人。

洋教士為西方搏擊高手，為引蛇出洞，戴良棟在當地設擂臺，洋教士不知是計，自視技藝高超，上臺打擂，正中戴良棟下懷。結果戴良棟憑戴家神拳制伏了洋教士，洋教士最後不得不認罪。智破洋奸案件之後，戴良棟被譽為「武林神探」。

戴良棟不僅拳法高超，在器械方面的造詣也很深，他在整理、歸納心意拳的器械方面做出了很大的貢獻。

戴 魁

戴魁（1875—1951年），乳名祥雲，戴良棟之子。據說，民國時期內蒙古有個拳霸屢屢掠奪晉商的商品，戴魁遂趕往草原保護晉商，同時在當地傳授戴氏心意拳。當地有個武師綽號叫「六十二」，他的一個學生（祁縣人）經常到戴魁處學習，回去後多次向「六十二」提起戴魁的非凡武功，這招致了「六十二」的嫉妒。

他多次向戴魁挑戰，但戴魁每次都假稱不在，避免與之交手。最後，「六十二」找到了戴魁的住處，見面時戴魁還是謙虛地說：「我不及你武功高強。」拒絕應戰，但「六十二」執意要與其比武，徑直闖了進來，戴魁為了表示自己無意應戰，坐在椅子上抽起了煙。但是，「六十二」突然揮拳過來，戴魁坐著沒動，隨手用煙管點了一下「六十二」的穴位，「六十二」當即倒地。戴魁走過去向「六十二」道歉說：「失手了。」並要給他解穴。「六十二」說：「不用。」回去後沒幾日就死掉了。

1941年，戴魁被祁縣曉義村人程振武請至曉義村教他的次子程占元習武，後因故離開程家，曉義的村戶（副村長）田九元就把戴魁接到曉義村東南方向的聖忠廟居住。當時聖忠廟有良田十幾畝，戴魁住到聖忠廟後，周圍村裏的徒弟和學生幫助其幹活種地，維持晚年生活。

當時，曉義村的李耀先在聖忠廟與戴魁一起吃住，因為李耀先是單身，沒有負擔，為了免費在聖忠廟吃住，於是義務為戴魁做飯。

戴魁在聖忠廟住了6年之久，期間幫助共產黨從事聯

品高德厚

戴魁(一八七四至一九五一),祁邑城內人,心意拳第四代傳人。自動隨其父良紳習練心意拳,他悟性極高,十餘年間深得戴家真傳。一九〇九年辭子益晉公司傳授紡織工人練拳功夫不同尋常,教染色工人練拳,政績越越高,民國時期擔任政法武教於戴氏。一九二八年二月山西國術館成立後,戴魁被聘為教練,後升任副館長。一九三二年起至內蒙古包頭,一九四六年回祁。一九五一年病逝於祁縣小韓村,享年七十七歲。

第四代傳人戴魁生平

戴魁像

戴魁在內蒙古包頭時的照片

戴魁晚年居住過的「聖忠廟」

絡活動工作，與太汾區區長（太谷縣人，真名：白雲，化名：石瑞）和地下黨人郭鳳山（太谷縣六門村人）、王心寶（晉東南地下工作人員）等人進行聯繫。

當時，地下工作人員到聖忠廟找戴魁的暗號是用磚在聖忠廟後牆上敲三下，戴魁才打開大門。戴魁睡覺也不脫內衣，經常在枕邊放七根鐵蛋兒（彈弓），以防禦敵人的進攻。

1947年左右，由於風聲緊，戴魁搬到庸進宮居住，給程振武的藥鋪和糧店看門。

1949年，程振武逃往北京，同年，程振武的藥鋪和糧店歸曉義村集體所有，戴魁住到徒弟田九元家，徒弟們繼續幫戴魁種地供其生活。

土改時，聖忠廟的土地歸村裏所有，戴魁將分到自己名下的程振武家房子賣掉了，至臨終時一直在田九元家，當時在場的只有田九元一人。隨後曉義村的楊克民、程連鳳、保威、連盾子、王步昌、王映海等弟子們用王步昌家的牛車把戴魁的遺體拉到戴魁家祖墳（祁縣城西南），並舉行了簡單的喪葬儀式。路過賈令村時，岳蘊忠也一起給戴魁送葬。

戴魁在祁縣的徒弟裏最有經濟實力的是段錫福，幫助戴魁生活最多的也是段錫福。田九元、程連鳳、王步昌、王映海等經濟拮据的師兄弟們為什麼能夠向戴魁學習戴氏心意拳呢？因為當時兵荒馬亂，軍閥混戰，戴魁需要曉義村的農民徒弟們養老送終。

王映海

王映海（1926—2012 年），乳
名桃園，人稱桃園師傅。山西省祁
縣東觀鎮（原曉義鄉）北堡村人
氏，戴氏心意拳的第五代傳人，著
名武術家。王映海師從心意大俠戴
魁先生，潛心修煉七十餘年，是當
代戴氏心意拳的集大成者，其弟子
遍佈世界各地。

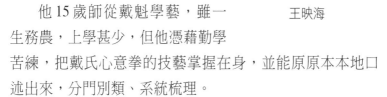

王映海

他 15 歲師從戴魁學藝，雖一
生務農，上學甚少，但他憑藉勤學
苦練，把戴氏心意拳的技藝掌握在身，並能原原本本地口
述出來，分門別類、系統梳理。

1984 年，山西省祁縣創辦武術協會，王映海被推薦為
副會長。

20 世紀 80 年代以來，海內外眾多研究者、愛好者頻頻
拜訪王映海，與他切磋戴氏心意拳，其精湛的武藝屢屢贏
得讚譽。

王映海曾赴全國各地進行武術交流與觀摩。他的拳術
被人們推崇為「最後的秘傳武術」「戰無不勝的實用性拳
術」。

王映海出身貧寒，從小就退學養家。戴魁雖出身富裕
人家，但因時代變遷而漸漸沒落，流落到曉義村，因其無
子嗣，於是便破了家規，將拳術傳給外姓人。

王映海因苦於無法讀書，看到戴魁傳授拳法，就在一

旁跟著學，同時幫著師父做些雜事。

到了十七八歲，王映海靠賣蔬菜照顧師父生活，心無旁騖地習武。

跟著戴魁學習拳法要嚴守規矩，不能多問。有時候王映海問師父：「師父能給我本書看看嗎？」

戴魁則說：「戴氏心意拳是口傳的拳術，是要裝在腦子裏的，寫在書上是會丟掉的。」

口傳心授是戴氏傳統的教學方法。戴魁恪守了「武術寧可失傳，不可濫傳」的拳規。

練習拳法的故事

王映海刻苦練拳習武，堅持不懈，同時，對師父誠心誠意，盡為子之孝，即使自己在生活艱苦的情況下，還是踐諾「一日為師，終身為父」的訓誡，最後得到了戴魁的真傳。

1951年，戴魁病故，享年77歲。當時王映海只有25歲，他與王步昌、田九元、程連鳳、岳蘊忠等人一起為師父舉辦了簡單的喪葬儀式。

王映海先生在八十多歲的時候，仍面色紅潤，銀髮鬚眉，耳聰目明，步伐輕快，可騎自行車10公里。王映海妻子罹患精神病，三兒子有智障，所有洗涮、做飯等家務事全都是王映海一人承擔。儘管家務繁忙，但是王映海每日練拳的習慣始終未變。

不管春夏秋冬，他每天都早早起床，尋幽靜的地方練拳，比如到河灘。他年輕時經常在烏馬河沙灘練拳。他踩

過去的腳印，返回來時還原封不動地踩在原來的腳印裏。他說：「經常在河灘裏練拳，到平坦的地方走起來飛也似的輕快。」

趕上下雪天，他就早早起床，帶上木鍁開道，在雪地裏練。農忙時期，每天出工沒有空閒，他就帶上鋤頭或鐝頭在上工的路上一邊走一邊反覆練拳。

20世紀60年代，家裏沒有吃的，晚上他先讓孩子們吃飽，自己只吃一點。雖然他經常餓著肚子，但是也沒有間斷練拳。有時候他在炕沿上練，練完了睡覺。他的次子王仲廉六七歲時就跟著父親學練拳，二十幾歲時就掌握了戴家拳的真傳。

農業合作社時期，王映海經常去外縣賣瓜果。

有一次，來了一夥人吃了瓜果沒給錢，並且揚言晚上還要來。

於是，王映海等人商議：「晚上咱對付一下吧。」王映海說：「你們敢嗎？」幾個夥計說：「敢！」

果然，晚上那夥人又來了。王映海就用戴氏心意拳將為首一人發了出去，其身後同夥被砸倒一片。這夥人一看這架勢，知道遇上了高手，嚇得都跑了。這是王映海第一次與人發生爭執。雖然他有一身的功夫，十幾個人也上不了身，但他不願意和人打架。

王映海人到中年，家庭負擔十分沉重，膝下有四雙兒女，全家十幾口人靠他一人養活。農忙時期，他用獨木輪推車推上幾麻袋花生，到城裏賣；農閒時節，他就在家裏編些簸箕、籮筐拿到集市上去賣，一年四季都沒有空閒的

時間，但他始終沒有放棄對心意拳的追求。

練拳理念

王映海習練心意拳，以文通武備為準繩，繼承前輩習武的優良傳統。

他說：「人會離身，但藝不會離身。人是靠情連接的，武藝是靠熱情學成的。窮也能教，富也能教，無義之徒不可教。」

他認為，天下武術不分家，戴家的人習得的武藝不隨便傳人。他堅守戴家心意「寧可失傳，不可濫傳」的拳規，堅持「三教三不教」的原則。三教：有功勞者可教，有義氣者可教，有道德者可教。三不教：無義之人不可教，五行不全之人不可教，打架鬥毆之人不可教。

他信仰「中和」，講究和明言、和明手，認為「練德者昌，練力者亡」「攻心者必勝，攻人者必敗」。

「中和」，意思是陰陽的調和，也稱為「中庸」。若徒以一招一式而逞強，僅憑血氣之勇而練拳者，則不足矣。他還認為，練拳不僅對增強體格、防身有益，而且對培養人的頑強意志和高尚情操也是非常有益的。他時刻教誨弟子們不要在言論上佔便宜，要尊重人。

王映海練拳練到三十多歲的時候，覺得膽子也壯了，心裏也有底了，越練越有興趣。他說：「我練戴氏心意拳幾十年，總感覺此拳越練內涵越深，似乎集結了各種拳術的精華。」說到心與意合，可以是大腦與意識的配合，心有所思，意必至焉。

　　心與意合還可以是以無當有，以有當無，也就是練習時找假設的敵人，用時又把敵人視為空無。這種用意念制敵的練習方法，是一種很好的訓練方法。

　　看人如蒿草，打人如走路，是內外結合、精神與形式相吻合的高度表現。感覺自己像參天大樹，而敵人只是一棵小草；每把拳的拳意好似猛虎撲羊，又似夜馬餓急而奔槽，都是想像力的訓練。

　　他練起拳來，步步如虎，把把如炮；步步不離虎撲，把把不離鷹捉；行動如火焰，心動全身俱動；剛猛似餓虎撲食，輕靈如燕子抄水；靜似山岳，動如脫兔，真正達到了「練拳眼前如有人，用拳眼前如無人」的境界。

　　戴家傳下來的五行、四把、十大形、閘勢、閉穴橛、鐵筷子、峨眉刺、三刀三棍等拳械，他全部刻在腦子裏。

　　四把是戴家拳的主力拳，五行拳是劈、崩、鑽、炮、

「動的時候稍微一用力，勁力就在那兒被廢掉了。展身要像外擴那樣。」（王映海）

王映海沿襲戴氏心意拳口傳身授的傳統，其指導方法精湛詳細。

2009年5月王映海在大阪戴氏心意拳講習會上

橫，可稱為母拳，十大形是龍、虎、猴、蛇、馬、鷂、熊、燕、雞、鷹。

心意拳的特點是重內不重外，重神不重形，重本不重末，內修丹田，外蹲猴勢，丹田一動渾身動，內勁一發勁無窮。

拳藝傳承

王映海對戴氏心意拳傳承的認識，大致經歷了三個階段。

第一階段是從新中國成立前到1951年，他一直固守戴家「寧可失傳，不可濫傳」的拳規。

1951年至1984年，也就是他60歲以前，仍受師父戴魁的影響，不輕易收徒，不隨便傳藝。

1984年，國家體委到祁縣挖掘、整理祁縣的傳統武術

王映海熱心詳盡地將長年練拳積累的戴氏心意拳理念講給日本的年輕人。

王映海經歷過的歲月不全是幸福美滿的，但他在講解時的表情卻滿是專注和慈祥。

2009年5月王映海在鹿兒島戴氏心意拳講習會上

文化，王映海積極配合，演示拳法，講述拳理。

1993 年，王映海在太原與日本人較量，並戰勝了對方。此後，王映海拳藝的傳承便越來越開放。

隨後幾年中，王映海曾多次領隊參加過全國、省、市組織的武術大賽，與中外武友展開無數次交流，思想更加開放了。

他說：「人隨時代，草隨根。各門派的武藝交流，都是一種很好的學習機會，都有弘揚中華武術的效果。現在祁縣人不論年齡大小，只要德行好都可以培養，著重培養年輕人。戴氏心意拳是中華民族優秀的傳統武術之一，是祖先留下來的寶貴財富，時至今日還沒有全部、完整、科學、系統地將其功理、功法公之於世。我不能讓戴家拳這一中華武術瑰寶失傳在我手裏，應該把戴家拳的真傳全部口傳身授給愛好者。」

目前，戴氏心意拳已傳到第七代、第八代，王映海先生的弟子們已遍佈海內外。

特別是 2000 年國家歷史文化名城祁縣晉商鏢局博物館的成立，為戴氏心意拳發揚光大創造了得天獨厚的條件，創建了展示戴氏心意拳的平臺。

王映海和其孫子王喜成及他的弟子充分利用開放時代的有利條件，在國內外展示戴氏心意拳，並且在中央電視臺、臺灣三立影視、山西電視臺、湖南衛視等媒體播放，產生了極大的影響，為海內外心意拳愛好者架起了一座溝通的橋樑。

在日本，他的弟子建有「心意俱樂部」「中國傳統武

術研究會」；在美國建有「國際心意道」。

近幾年，他利用各種機會和方式，系統地整理自己平生積累的戴氏心意拳拳譜、拳藝，並毫無保留地傳授給他的弟子，為戴氏心意拳的傳承做出了巨大的貢獻。

王喜成

王喜成，1978年生，山西省祁縣東觀鎮北堡村人氏，王映海之長孫。王喜成自幼看爺爺和父輩們練拳，便模仿他們的身姿和手勢，7歲便開始一點一點地習練戴氏心意拳。14歲初中畢業後，王喜成懷著對武術的極大熱情和繼承家族武術事業的信心，接受爺爺的悉心傳授，正式開始了自己的習武生涯。

起初練拳，王喜成按照「冬練三九，夏練三伏」的教誨，寒暑不輟，早晚研習。夏天再熱也堅持不斷，冬天再冷都不放鬆，遇上下大雪就在雪地上掃開一條道堅持練習。爺爺說在沙灘裏練拳長功快、練出來的步子靈，他就每天到村邊烏馬河河灘上練拳。王喜成每天堅持刻苦鍛鍊，年復一年，積累了深厚的功底。

爺爺的弟子遍佈全國各地，有的還是慕名從國外遠道而來，在爺爺給徒弟、學生傳授武術時，他總是不厭其煩地做示範動作。他邊潛心修煉邊做爺爺的助

王喜成

教，在跟隨爺爺練習和傳授拳術的環境中，經過十幾年的鑽研與練習，他對功法要領、拳理講義的認識與理解都得到了進一步昇華。他作為戴氏拳術的代表代師傳藝，得到了眾多心意拳愛好者的充分肯定。

近年來，他還應國外武術愛好者的邀請，到俄羅斯、

王喜成毫不走樣地繼承正宗的戴氏心意拳，其身法產生的勁力非常強大。

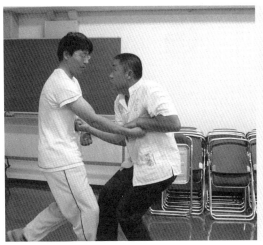

「高密度的凝聚力在任何地方都能散發。不是閉氣，而是放鬆養丹田。養丹田是產生爆發力的基礎。」

日本等國傳授戴氏心意拳，這讓他更加懂得了這門藝術的價值與珍貴。在長期的苦練與教學中，王喜成逐步掌握和總結出了通俗易懂的教學方法，用形象的比喻和直觀的方法闡述拳理，讓深奧的講義變得簡單明瞭。十數年的磨鍊

「凝聚力可以散發，可以進入到任何地方。如果自己把它固定下來，是不會向外擴散的。自己阻斷了就是斷勁了。徹底研究心意，找到斷勁的地方，就是練拳的最重要所在。

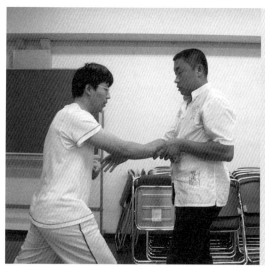

王喜成的講解，雖然依據的是傳統的戴氏心意拳，但是其中加入了許多比喻，給予了人們科學的、符合個人階段的、容易理解的指導和啟發。

和教學，讓他更加懂得了戴氏心意拳的珍貴，也讓他對戴氏心意拳的態度由學習繼承走向了發揚光大。

武術源於中國，屬於世界，他立志全面繼承戴氏心意拳，並讓更多的武術愛好者瞭解戴氏心意拳，讓這一優秀拳種更好地發揚光大、造福人類。

王映海的門下聚集了許多來自國內外的熱心練拳者。土喜成自幼在跟隨王映海學拳的同時，指導國內外的求學者，更加深掌握了戴氏心意拳的深奧拳理。

照片為王映海、王喜成與來自俄羅斯練拳者的合影。

2 武藝的傳承
——武德和技藝的修養

　　戴氏心意拳截止到第三代戴良棟無一外傳，戴氏之外的人也就不可能學到戴氏心意拳。到了第四代戴魁，時局發生了很大的變化，戴家沒落，為了生計開始將拳法外傳，但是仍只傳授給有天賦的人。近年來，戴氏心意拳作為絕不外泄的秘傳武術，依舊保持著神秘色彩。

　　那麼，戴氏心意拳的保守性從何而來？現在公開的戴氏心意拳傳承的真諦又是什麼？

　　戴氏心意拳保守性的根本不單純是神秘主義，可以說戴氏的傳統是讓人透過練武來修行，因此只傳授給尋求真理的人。我們可以從拳譜的記載上看出戴氏心意拳傳承者們持續堅守的重要的傳統。

●戴隆邦授拳規矩

戴隆邦授拳規矩

　　心意拳字之中，不可濫傳論，寧教失傳，不可濫傳，寧教拾上拳，也不給説一遍。

　　學戴家拳是人心感化的，不是花錢買到的。

　　窮也能教，富也能教，無義之人不可教。師徒如父子，日久見人心。和明言和明手，言語要和明，手也要和明。

　　有巧手、妙手，沒有絕手。你也知我也知，手快打手遲。

　　和為貴，忍為高，路要長遠走，日久見人心。

　　人是萬物之靈，人是學而知之，不是生而自知。

　　千年的樹，萬年的河，先人得來後人留。

　　世上大樹有人望，世上明師無人知。

　　世上明師知多少，成師的又有多少？

戴氏心意拳傳拳慎重

　　心意拳字之中，不可濫傳論，寧教失傳，不可濫傳，寧教拾上拳，也不給說一遍。

　　解說「心意拳字之中」，是指在心意拳的文字中，即心意拳的字面意思是什麼，這貫穿於整個「戴隆邦授拳規矩」，特別是意味著「見人心」「人是學而知之」。

```
                              ┌─── 見人心
        心意拳授拳規矩 ────────┤
                              └─── 人是學而知之
```

學習戴家拳的資格

　　學戴家拳是人心感化的，不是花錢買到的。

　　窮也能教，富也能教，無義之人不可教。

　　師徒如父子，日久見人心。

解說 「師徒」，指的是教授者和學習者的關係。「徒」分為「學生」和「弟子」，此處指的是「弟子」。學生是學拳者，弟子是進了戴家的門（入門——拜師），不僅要進一步學拳，還要進行人品方面的修煉。

教授——學習時的心理準備

> 和明言和明手，言語要和明，手也要和明。
> 有巧手、妙手，沒有絕手。
> 你也知我也知，手快打手遲。

解說 這裏指戴氏心意拳傳授的傳統方式——口傳心授。

「明言」，是指「言語明確，解說話語嚴謹，思路清晰的語言」。「明手」，是指「手法簡單明瞭」。「手」是廣義的意思，此處指的是心意拳的技術、技法、練法、用法等。「巧手」「妙手」，是巧妙的手法、技術。「絕手」，是指絕對能贏的手法、百戰百勝。

「有巧手、妙手，沒有絕手」，說的是藝無止境。「你也知我也知」，是指「知己知彼」。

> 和為貴，忍為高，路要長遠走，日久見人心。
> 人是萬物之靈，人是學而知之，不是生而自知。
> 千年的樹，萬年的河，先人得來後人留。
> 世上大樹有人望，世上明師無人知。
> 世上明師知多少，成師的又有多少？

解說 「和為貴，忍為高」，「和」指的是與人和睦相處，懂得人心所想，自然就和諧，自己也就能夠和氣，並不侷限於人與人之間的關係。「忍」是指按下性子持續努力。並指出有名望者，但並非明師。

三教三不教；三怕三不怕

何為三教，有功勞者可教，有義氣者可教，有道德者可教；

何為三不教，無義之人不可教，五行不全之人不可教，打架鬥毆之人不可教。

何為三怕，能服尊長者可怕，年高有德者可怕，耍笑頑童者可怕；

何為三不怕，身大者不怕，力勇者不怕，藝高者不怕。

解說 「三教三不教」是對「戴隆邦授拳規矩」中所說的「可教者、不可教者」的詳細說明。

「三怕三不怕」中的「怕」是慎重之意。「三不怕」中列出的是可以對敵的情況。「三怕三不怕」不僅表現在武術方面，也表現出了生活中與人接觸的一面，是世代鏢師從生活中總結出的常識。

天下人廣君子少，山上石多金玉稀，

世上師父眾多明師少，自居高藝者也不稀，

我要一見至其語，心服與他不相告，

如逢奸人不打量，濫教真藝才算苦，

不如自娛自立志。

解說 這裏講述的是被冠以明師之稱很簡單，但要成為真正的明師，則只有埋頭練拳不斷提高自己。

> 精養靈根氣養神，養功養道見天真。
> 丹田養就長命寶，萬兩黃金不與人。
> 自古六合無雙傳，多少玄妙在其間。
> 設若妄傳無義漢，招災惹禍損壽年。
> 武藝都道無真經，任意變化勢無窮。
> 豈知悟得嬰兒玩，打法天下是真形。

解說 六合無雙傳：「六合」是指內三合、外三合，合起來稱為六合，內外相合、協調配合之意。內三合為心與意合、意與氣合、氣與力合，外三合為手與腳合、肘與膝合、肩與胯合。「雙傳」指兩種說法。「六合無雙傳」意為六合秘訣沒有兩種說法。

3 學習武藝的心得
——二勤、三知、二戒

‧習藝二勤

一曰腿勤
人之習藝,均有常師。

即其所能者習之,要知藝之在人。

本自無窮,有等量吾者,有高超吾者。

果其高超,弗畏山川之險,道路之遙,親見其人誠心求教。

我以誠心求於人,而人未有不誠心教我者。

朝漸夕摩,何患不至高超之境。

所謂一處從師,須要百處學藝。

二曰口勤
槍、棍、刀、拳,自有真形實

第一,腿要勤
人們學藝都是有師父的。

正因為是有熟知技藝的人,才能跟著學藝。

學習是無止境的,有與我相同水準的人,也有比我水準高的人。

如果確實比我水準高,我會不怕山高水險、路途遙遠,去求見此人,誠心求教。

只要我以誠心求教,不會有不誠心教我之人。

如果早晚修煉,則不必擔心達不到至高境界。

所謂在一處拜師學藝,需要掌握百處的技藝。

第二,口要勤
槍、棍、刀、拳,自有其真實

像，始而蒙混不明，繼而錯雜
難精。

形態，若開始時便稀裡糊塗，
之後就會錯亂混雜從而難以精
益求精。

苟能虛己求教，而人未有不實
心教我者。

若能謙虛求教，則不會有人不
實心實意地傳授給我。

耳濡目染，何患不至明通之
地，所謂專聽，莫若兼聽之
廣。

猶如恍然大悟一般，不用擔心
達不到一個新的境界。侷限一
家之說，不如廣採眾家之長。

解說 「腿勤」，指的是要多去找老師，多練多學。「口
勤」，是指多問，有不懂的要主動向老師求教。

•習藝三知

一曰知明手
或比槍，或比刀，或比棍、比
拳，真正猛勇短毒，一見間不
覺便令退避三舍。

第一，搞懂手法
無論是比試槍、刀、棍、拳，
只要是真的勇猛短毒，讓人一
看不自覺就會退避三舍。

二曰知明眼
大凡見人比槍、刀、拳、棍或
於十目不合，或於十三格言有
過，即急為指點，曰比槍刀拳
棍，出自何人，當時為比樣，
今差之毫釐，後必謬之千里，
一經改正，不覺令人憬然服
從。

第二，讀懂對方的眼神
但凡看到比試槍、刀、棍、
拳，見識不同，或發現不符合
十三格言的，立即進行指點，
指出槍、刀、棍、拳的比試方
法並非是這樣，若現在有絲毫
差別，則日後會謬之千里，
一經改正，就會讓人信服。

三曰知明言
何謂知明言,其於歷代槍、刀、拳、棍法。一聽其講究,真正是有始有終,有本末,有證有據,不覺令人豁然曉暢,如在夢中醒來。

第三,懂得拳械理法
什麼是知明言,就是懂得歷代的槍、刀、拳、棍法。
聽一遍明言,則能理解其所有本質,思路就會變得清晰。聽者很容易理解,能給人一種從夢中醒來的感覺。

解說 「明手」,是指名手、高水準功法。「明眼」,是指洞察力、能看到細微東西的眼力、能識破一切的眼力。「明言」,是指符合道理的拳理、拳論。

● 習藝二戒

一曰戒有恃
槍、刀、棍,自有不易之準,過於與不及,皆非得當,人是我非,須當捨己從人。
若執迷自恃,終於無成。

第一,戒掉頑固
槍、刀、棍本身不易有準,過之或不及皆為不妥,別人若對,我則不對,即捨棄自己順從別人,若一味堅持己見,則最後會一事無成。

二曰戒自滿
槍、刀、棍、拳,本無盡境。

第二,戒掉自滿、傲慢
槍、刀、棍、拳的技藝沒有止境。

習一藝更有一藝相迫,得一著更有一著相乘。
倘然自滿則半途未盡之弊,必不免矣。

學到一招,還有別招,得到一招,還有更高招數。
若自我滿足,將會落得半途而廢。

> 習藝者果能勉二勤，歷三知，凜二戒，其不至人步亦步，人趨亦趨，然而不成者，未之有也。

> 若學藝者能勉勵自己二勤，懂三知，謹遵二戒，則不會跟著別人亦步亦趨，這樣做了卻不成功的，還未曾有。

解說 「戒有恃」（戒掉頑固之意），是指學習槍、刀等，需追求其陰陽結合、中庸，絕不是一味強調自己的拙力、蠻力，若要做到並非易事。

「戒自滿」（戒掉自己的自我滿足、傲慢），是指技藝的境界一層堪比一層高。表示達到某一層次並非到達終點，任何時候都需要謙虛不斷地學習。

•武藝的磨鍊

> 演藝者，思吾之道，依吾之言，永無大害，見其理而自尊。

解說 習武是瞭解自己的一個過程。依照我說的做，永遠不會有大的傷害，如果能掌握武術的道理，就能提高自己。

> 交勇者，莫要思悟；思悟者，寸步難行。

解說 與勇者交手時，不要猶豫，若猶豫則寸步難進。習武者和對方交手，即構成了陰陽關係。練習是指打好基礎，實際運用是指使用這個打好的基礎。

磨鍊武藝 練(練習) 陰	與勇者交手 用（使用） 陽

血發腳心，發起到天門。
再無別疑真豪雄。
牙骨梢，仔細評，評出理來是一通。

血是從腳心發出，發出後直達天門。
如果那樣，不用懷疑是真的豪傑。
牙齒是骨的末端，要細細地表現，方可悟出道理。

筋骨一氣要以和，天地陰陽通，一氣之通，萬物皆通。

筋骨相連，成為一體，天地陰陽皆相通，一氣相通，則萬物皆通。

氣之復，萬物皆復，哪見痕跡，哪有阻隔，以和為始，以和為終。

氣之運行順暢，萬物運行也隨之順暢。何處可見痕跡，何處有障礙阻隔？始於一體（和），終於一體。

明天地，
知吾之心意，
不知吾之心意，還往四梢行。

明白天地之理，
即懂我之心意，
若依舊不懂我心，則可行四梢。

目中不時常旋轉，行坐不時要用心，
耳中不時常報應，語中不時常調和。

要經常轉動眼睛，走動、坐立需用心，
耳朵要經常有回應，說話要經常和諧。

・內外相見合一家

震龍兌虎各東西，朱雀玄武南北分，戊己二土中宮位，意為媒引相配成。

> 震龍兌虎分別在東西方向，朱雀玄武分別在南北方向，戊己二土位於中宮，意為五行搭配使然。

眼耳口鼻外五行，手足四梢並頂心。

> 眼、耳、口、鼻、外五行，手足四梢和頂心。

久練內外一氣成，迅雷電雨起暴風。

> 反覆長期練習內外氣混元一體，就會有迅雷閃電般的威力。

拳無拳來意無意，無意之中是真意。

> 練拳猶如無拳一樣，是有意中產生無意，只有在無意中才能有真的意。

丹田久練靈根本，近在眼前一寸中。

> 若長期修煉丹田，則靈根之本近在眼前。

養靈根而靜心者，是修道也；
養靈根而動心者，是武藝也；
固靈根而動心者，是敵將也，
動則為武藝，靜則為道也。

> 養靈根而心靜者，則為修道；
> 養靈根而心動者，則為武藝；
> 固靈根而心動者，則為敵將，
> 動則為武藝，靜則為修道。

解說 戴氏心意拳在練拳時完全是用心意練功，如此，不久便可達到「無意」境地。

介紹篇

基礎理論

1 陰陽五行理論 與戴氏心意拳

　　戴氏心意拳是以中國古代流傳的五行學說作為基礎理論，根據陰陽平衡、五行關係創建的一種武術。

　　本章講述的是戴氏心意拳中應用到的陰陽五行學說及其在戴氏心意拳中所產生的作用。

• 陰陽學說

陰陽的概念

　　陰陽屬於中國古代哲學範疇。陰陽的最初含義非常樸素，即向日為陽，背日為陰。後來引申為氣候的寒暖，方位的上下、左右、內外，運動狀態的躁動和寧靜等。

　　中國古代的哲學家進而體會到，自然界所有的現象都存在互相對立、互相影響的關係，用陰陽的概念可以解釋自然界存在的相互對立和相互消長的物質。他們首先證明了陰陽的對立和消長是物質本身所固有的，進而又證明了陰陽的對立和消長是宇宙的基本規律。

　　陰陽學說認為，世界是物質性的整體，自然界中任何

事物都具有陰和陽相互對立的兩個方面，而對立的兩個方面又是相互統一的。陰陽對立統一是自然界一切事物發生、發展、變化以及消亡的根本原因。

「陰陽者，天地之道也。萬物之綱紀，變化之父母，生殺之本始。」陰和陽，既可以表示相互對立的事物，又可用來分析一個事物內部所存在的相互對立的兩個方面。

一般來說，凡是劇烈運動的、外向的、上升的、溫熱的、明亮的都屬於陽，而相對靜止的、內守的、下降的、寒冷的、晦暗的都屬於陰。

以天地而言，天氣輕清為陽，地氣重濁為陰；以水火而言，水性寒而潤下屬陰，火性熱而炎上屬陽。

任何事物均可依據陰陽的屬性來進行劃分，但必須是針對相互關聯的一對事物，或是一個事物的兩個方面，這種劃分才具有實際意義。如果被分析的兩個事物互不關聯，或不是統一體的兩個對立方面，則不能用陰陽來區分其相對屬性及其相互間的關係。

陰陽及其轉化

世界是物質的，物質世界是由陰陽二氣互相作用而誕生、發展以及發生變化的。

事物的陰陽屬性並不是絕對的，而是相對的。這種相對性，一方面表現為在一定的條件下，陰和陽之間可以發生相互轉化，即陰可以轉化為陽，陽也可以轉化為陰；另一方面體現在事物的無限可分性。

所以，陰陽的對立統一運動規律是自然界一切事物運

動變化固有的規律，而且世界本身就是陰陽二氣對立統一運動的結果。

陰陽的交感互藏

陰陽交感互藏中的「交感」是指相互感應而交合，即相互發生作用。此處指的是陰陽二氣在運行過程中有互相感應交合，互相產生作用的關係。

宋・周敦頤在《太極圖說》中說：「（陰陽）二氣交感，化生萬物。」

這一哲學思想始自先秦諸家，如《荀子・禮論》：「天地合而萬物生，陰陽接而變化起。」「天地感而為萬物化生。」從而指出陰陽交感是萬物化生的變化和根本條件，其中的「合」「接」「感」等都具有相互作用、相互影響之意。

因此，可以說天地、陰陽之間的相互作用乃是萬物生成和變化的肇始。在宇宙自然界，事物的形成規律亦是如此。天之陽氣下降，地之陰氣上升，陰陽二氣交感，化生出萬物，並形成霧、雷電、雨露、陽光、空氣、河水，相互交感，生命體方得以產生。在陽光雨露的沐浴滋潤下，生物得以發育成長。男女媾精，新的生命得以誕生，代代相傳，人類得以繁衍。

所以，如果沒有陰陽二氣的交感運動，就沒有自然界，也就沒有生命。因此，陰陽交感是生命活動產生的基本條件。

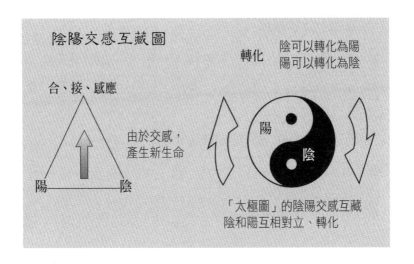

陰陽交感互藏圖

合、接、感應

由於交感，
產生新生命

陽　　　　陰

轉化　　陰可以轉化為陽
　　　　陽可以轉化為陰

陽
陰

「太極圖」的陰陽交感互藏
陰和陽互相對立、轉化

・陰陽交感互藏的條件和要素

陰陽學說的基本內容包括陰陽一體、陰陽對立、陰陽互根、陰陽消長與陰陽轉化四個方面。

＜陰陽一體、陰陽對立＞

陰陽對立，即世間一切事物或現象都存在著相互對立的兩個方面，如上與下、天與地、動與靜、升與降等，其中，上屬陽，下屬陰；天為陽，地為陰；動為陽，靜為陰；升屬陽，降屬陰。

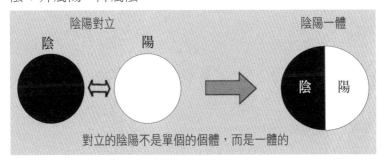

陰陽對立　　　　　　　　　　　陰陽一體

陰　　　陽

陰　陽

對立的陰陽不是單個的個體，而是一體的

具體的陰陽舉例

陽	上	天	升	男	上升	膨脹	擴散	表	熱	白晝	夏天	……
陰	下	地	降	女	下降	收縮	融合	裏	冷	黑夜	冬天	……

戴氏心意拳中具體的陰陽舉例

陽	動	剛	束	起	外	攻擊	前	氣	發	挺	吸	……
陰	靜	柔	展	落	內	防禦	後	精	養	含	呼	……

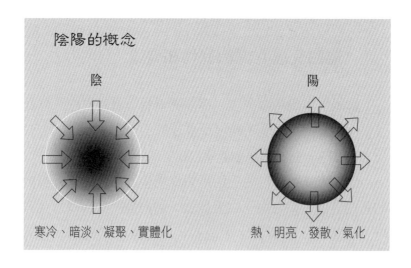

陰陽的概念

陰　　　　　　　　　　　　陽

寒冷、暗淡、凝聚、實體化　　　熱、明亮、發散、氣化

＜陰陽互根＞

　　對立的陰陽雙方又是互相依存的，任何一方都不能脫離另一方而單獨存在。沒有上也就無所謂下，沒有冷同樣就無所謂熱。

　　所以，陽依存於陰，陰依存於陽，每一方都以其相對的另一方的存在為自己存在的條件。這就是陰陽互根。

＜陰陽消長＞

陰陽之間的對立制約、互根互用並不是一成不變的，而是始終處於一種消長變化過程中。

比如，白天陽盛，人體的生理功能也以興奮為主；而夜間陰盛，機體的生理功能相應的以抑制為主。從子夜到午時，陽氣漸盛，人體的生理功能逐漸由抑制轉向興奮，即陰消陽長；而從午時到子夜，陽氣漸衰，人體的生理功能由興奮漸變為抑制，即陽消陰長。

陰陽在這種消長變化中保持動態平衡，消長變化是絕對的，動態平衡則是相對的。

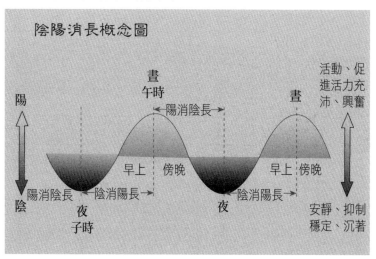

陰中有陽，陽中有陰。陰陽的位置在不斷變化，有去有回。我們所能看到的事物中，陰在內，陽在外，相反（陰在外，陽在內）的就不是物質。所有的事物都必須符合陰陽規律和結構。例如，人的誕生（聚合）、死亡（消散），這些也都是符合陰陽規律的。

＜陰陽交感互藏＞

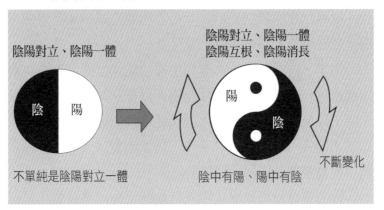

陰陽對立、陰陽一體

陰 陽

不單純是陰陽對立一體

陰陽對立、陰陽一體
陰陽互根、陰陽消長

陽

陰

不斷變化

陰中有陽、陽中有陰

·陰陽學說與中醫學

　　陰陽學說，即使在中醫學中也被用於解釋生命起源、生理現象、病症變化等，是中醫理論中一個重要的組成部分，在很大程度上影響著中醫學理論體系的形成和發展。

　　表裏、寒熱、虛實都是疾病所表現的一組組既對立又統一的正反現象。對這些正反現象，中醫用陰陽來加以概括。表證、熱證、實證可歸屬於陽證範疇；裏證、寒證、虛證可歸屬於陰證範疇。中醫用八綱辨證方法分析病症的類型，進行施治。

　　下面做簡要說明。

＜八綱辨證＞

陰	陽
表	裏
熱證	寒證
實證	虛證

八綱辨證是綜合判斷體質、病情的方法。

① **表證和裏證**（辨證的第一個階段）

表證：病在身體表面。

【症狀】大部分為感冒初期的症狀（畏寒、發熱、流鼻涕）。

裏證：病在器官、血脈、骨髓等身體內部。

【症狀】表證之外的症狀。

② **實證和虛證**（辨證的第二個階段）

實證：具有充分抵抗力的狀態。有病時，病邪來勢很猛，症狀雖為一過性但很強烈。

【症狀】腹痛、呼吸氣粗。

虛證：症狀為抵抗力弱，即使病邪不嚴重，也容易惹病上身，症狀不是很強烈。

【症狀】容易出虛汗、疲倦、面紅等。

③ **熱證和寒證**（辨證的第三個階段）

熱證：即陽強陰弱的狀態，會讓人感到很熱，喜歡空調以及涼的食物。

寒證：即陰強陽弱的狀態，手腳冰冷，或經常感到寒冷。

	實		虛	
寒熱 症狀	實熱 面紅 口渴	實寒 寒冷、腹痛、 痢疾	虛熱 手腳發紅、 盜汗	虛寒 手腳冰涼、 倦怠

④ **陽證和陰證**

陽證：表證、實證、熱證為陽證。

陰證：裏證、虛證、寒證為陰證。

＜主要症狀＞

	陽證	陰證
顏色	面紅身熱	面色暗淡
心情	神情煩躁	精神萎靡
身體	氣粗、易口渴、喜飲冷	身倦肢冷、不口渴
小便	發黃	尿清
大便	硬乾	軟便
舌苔	黃色	白色
脈搏	快而有力	沉細無力

⑤陰虛和陽虛

陰虛：陰為虛（變弱）的狀態。由於陰液不足，「陰虛生內熱」。

陽虛：陽為虛（變弱）的狀態。由於陽氣不足，「陽虛則生寒」。

＜主要症狀＞

	陽虛	陰虛
熱、冷	畏寒肢冷	低熱顴紅、手足心熱
代謝	疲倦乏力，自汗	盜汗、口燥咽乾
小便	小便清長	身倦肢冷、不口渴
大便	大便溏薄	大便秘結、量少
舌苔	苔白，舌質淡	舌紅無苔
脈搏	脈細無力	白色

•戴氏心意拳中的陰陽交感互藏

戴氏心意拳中所述內容都是由陰陽理論構建的。學拳時，須學會運用以下典型的概念以及拳譜上記載的具有代表性的理念。

摘自「十六柱」

陰陽 「有陰的地方便有陽，有陽的地方也有陰。無陰則不能誕生，無陽則不能成長，天地陰陽聚合就會下雨。拳術就是陰陽合一，皆是陰陽為之。」即陰陽交感。

「陰極陽生、陽極陰生。」即陰陽消長。

動靜 「在拳法中，靜是主體，動是作用。靜時不露心機，動時不露行跡，動作敏捷讓人看不到行蹤。動時心中坦然處之，守住丹田。靜時神明莫測，一觸即發。欲動而始於靜，靜中育動，動靜互根，通過動靜結合自然成拳。」

解說 例如，在起勢時，開始動作之前是靜的，但是，在靜中開始運行意識、氣、血等。（「靜中有動」）

束展 「起向高處起，落向低處落。」

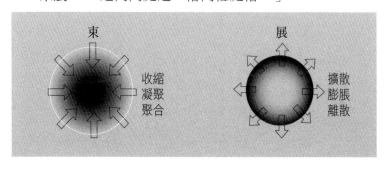

起落 「起是去，落是打，起亦打，落亦是打，起落二字如水中之翻浪。」

身起手落、束身而進。

進退 進步宜低，退步欲高，進退須相機而行。不會進退，就更要磨鍊其技藝。退中有進，進中有退。

剛柔 剛、柔的對立統一是拳法的靈魂，單純為剛則容易折斷，純柔則過於軟弱。只有剛柔並濟之力道，才是發化衍變之正道。

攻守 顧中有打，打中有顧。

斜正 「看正似斜，看斜似正。」

內外 「內五行先動，外五行須隨。」

·戴氏心意拳中的陰陽關係

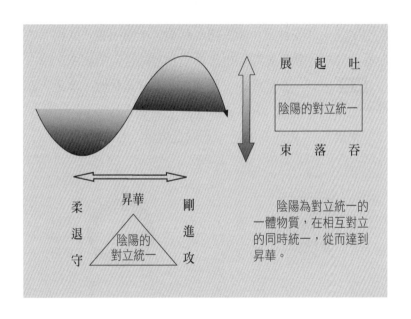

展　起　吐

陰陽的對立統一

束　落　吞

柔　退　守　昇華　剛　進　攻

陰陽的對立統一

陰陽為對立統一的一體物質，在相互對立的同時統一，從而達到昇華。

　　戴氏心意拳中的束展、起落、斜正、吞吐、進退等陰陽對立是一體互根且消長、轉化的。

　　例如，起落不僅是手運行的上下方向、手上的力量，還需要由與身法的束展以及步法（搬丹田）結合起來，形成如波浪一樣的運動和力量。攻守也是如此，在攻擊中有防守，在防守中有攻擊。

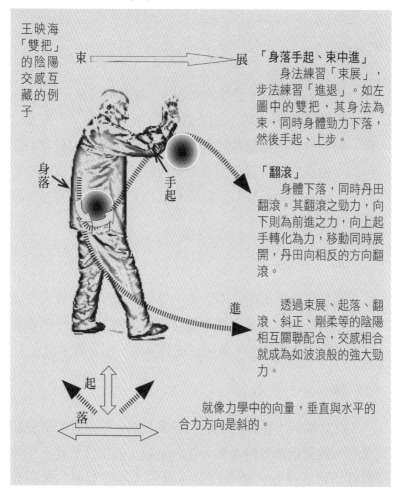

王映海「雙把」的陰陽交感互藏的例子

束 ⟹ 展

「身落手起、束中進」
　　身法練習「束展」，步法練習「進退」。如左圖中的雙把，其身法為束，同時身體勁力下落，然後手起、上步。

手起

身落

「翻滾」
　　身體下落，同時丹田翻滾。其翻滾之勁力，向下則為前進之力，向上起手轉化為力，移動同時展開，丹田向相反的方向翻滾。

進

　　透過束展、起落、翻滾、斜正、剛柔等的陰陽相互關聯配合，交感相合就成為如波浪般的強大勁力。

起
落

　　就像力學中的向量，垂直與水平的合力方向是斜的。

・天地人三才合一

三才	天有三寶：日、月、星
	地有三寶：水、火、風
	人有三寶：精、氣、神

精

精，猶如精力，是體力、活力、能量的源泉。

精有「先天之精」和「後天之精」之分。「先天之精」得之於父母而儲藏於腎臟。「後天之精」則是自我產生的，由飲食後脾胃作用被消化吸收的有營養價值的物質組成，也在運動和修養的陰陽交感中養成，特別是在就寢時和休息時生成。

氣

氣是構成宇宙的基本因素，氣的運動變化生成了宇宙中的所有物象。氣是人體中維持生命活動的物質，猶如氣力，是動力、原動力。氣可以使精昇華，在身體中游走。

神

神是精神、意識的狀態，主管眼睛、耳朵等的感受和思考，負責指揮身體運動等生命活動。如果沒有神，生命體就不可能存在。神存在於五臟中，心中有神、肺中有

魄、肝中有魂、脾中有意、腎中有志。

心中之神負責精神活動、手腳的運動以及面部表情，統管其他的神。

魂負責無意識的、本能的活動。魄，負責本能的活動以及日常進行的活動，以及無意識的動作、持續注意力等。

志，負責具體的目的、目標想法等。

意，負責記憶想法的組合。

五臟和神互相影響，例如，若腎弱，有目的性行動的意志就會減弱；若肺受損，就會導致無意識的動作以及注意力降低。

〈「精、氣、神」的關係〉

腎中所存之精由氣運往全身，進行各種生命活動（神）。

·養氣法

手中訣竅

一、陰到中。二、陽開。三、陰到中。四、翻陽回乳。五、陽出。六、陰到中。七、陽開。八、到頂。九、落耳。十、陰出。十一、翻陽。十二、翻陰騎馬。十三、陰到中。十四、回乳。十五、峰起下地三墩。十六、跳起回乳三墩先定心。

解說 說明的是體內陰陽的消長和氣的運行。

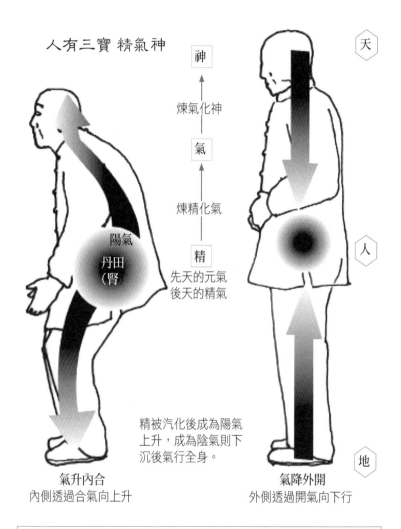

人有三寶 精氣神

神

煉氣化神

氣

煉精化氣

精
先天的元氣
後天的精氣

天

人

地

陽氣
丹田
(腎)

精被汽化後成為陽氣
上升，成為陰氣則下
沉後氣行全身。

氣升內合
內側透過合氣向上升

氣降外開
外側透過開氣向下行

王映海口傳

　　練拳時，對人來説，只有天地。人必須和天地融為一體。放
鬆身體，集中精神，若能修煉到感覺敏銳，便能與天地融為一
體。

用氣法口訣

眼上翻屬陰，
陰氣落於枕骨。
鼻——曲屬陽，
陽氣落於上額角。
脾氣緊，心氣沉。
肝氣頂，肺氣——努落腎經。
心沉——氣自然成。

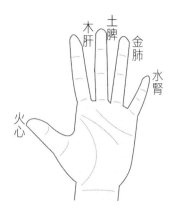

大拇指屬於火為心；
食指屬於木為肝；
中指屬於土為脾；
無名指屬於金為肺；
小拇指屬於水為腎。
心沉、肝食、脾入、
肺凜、腎敵。

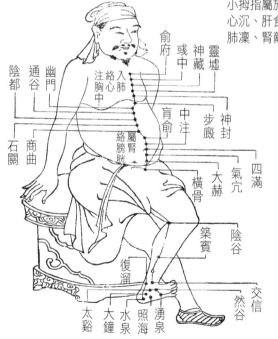

足少陰腎經之圖

摘自滑壽撰《十四經發揮》（1341年）

引氣法——導引氣的方法

目視鼻，鼻對臍，處處行遲不可移。撒開二六連環鎖，一點靈光吊在眉。

心定，則清淨。清淨無物，無物氣行，氣行絕象，絕象覺明，覺明則神氣相通，萬氣歸根，身上一氣聚成。

眼觀鼻，鼻對臍。引氣法無論是站法還是坐法、臥法，都是能將氣引出的方法和原理。

○拳經

靜，養靈根也。氣，養神也。

動，養道也，其可達天真。

丹田乃養長命之寶，萬兩黃金不與人。

周天法——運氣方法

緊撮穀道內中提，尾閭一起皺節骨。

玉枕難過目視頂，來到丹田存消息。

往前又是鵲橋路，十二時中降下池。

鎖住心猿栓意馬，要立丹田海底基。

一世快樂無窮盡，返本還原心自知。

久練自成金剛體，百病皆除如童子。

得真法——獲得真理之法

混元一氣吾道成，道成莫外得真形。

真形內藏真精神，神藏氣內丹道成。

如何真形需求真，要知真形合真相。

真象合來有真訣，真訣合道得徹靈。

養靈根而動心者，武藝也，

固靈根而靜心者，修道也。

武藝雖精竅不真，費盡心機枉勞神。

祖師留下真妙術，知者不可枉傳人。

正不必一拳打倒門外漢，

亦不必一腳踢翻陵陽判。

英雄好武本楨幹，

況是將門三軍冠。

羨君親身來自算，

英姿颯爽動裏開。

每向射圍張弓按，

壁上觀者咸稱讚。

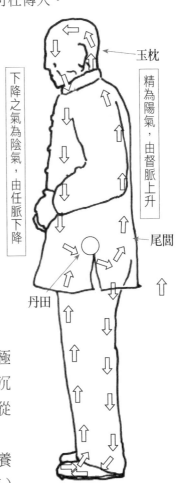

玉枕

精為陽氣，由督脈上升

下降之氣為陰氣，由任脈下降

尾閭

丹田

• 養生效果

丹田功和靜功

·透過練習丹田功的無極式、太極式，達到練拳時氣沉丹田放鬆並忘記日常雜念，從而思想集中，使身心安寧。

·修身養性，起居有常，養精(生命能量、精力、活力等)

蓄銳。

‧引氣法、周天法能夠使氣血津液良好地循環，由改善氣虛、氣滯、氣逆、血虛、瘀血、血熱、積水等，從而改善身心疾病。

‧適當地出汗、發聲，可以消除日常壓力，有效地改善抑鬱。

動功

‧內功

「以意導氣，以氣導血」的戴氏心意拳的內功可以涵養氣血，並能藉由對身體內部進行微小調整，提高各種能力。

‧呼吸

呼吸吐納可使氣血運行更加通暢，將體內的濁氣置換為清氣。

‧步法

使氣血運行更加活躍、精神振奮，身體的活動也更加靈敏，鍛鍊筋骨。

‧虎豹頭、猴背、熊腰

有助於改善並提高肺的宣發（氣的上升）、肅降（氣的下降）功能以及脾的運化功能。

‧雞腿、鷹膀

使達到末梢的氣、血、津液的運行更加通暢，具有預防各種疾病的效果。

2 戴氏心意拳基礎理論

・戴氏心意拳的特徵

戴氏心意拳是內家拳

戴氏心意拳重神不重形，重內不重外，
以意領氣，以氣催勁，丹田一動渾身動，內勁一發勁無窮。

解說 「重神不重形」中的「神」是「精、氣、神」中的
神，是從內部表現出來的。神與形、內與外雖是互為相反的
概念，但卻融為一體，具有互為「根」的交感關係。表現在
外的形以在深處的「神」為根本和法則。表現在外的現象和
形式是千變萬化的。

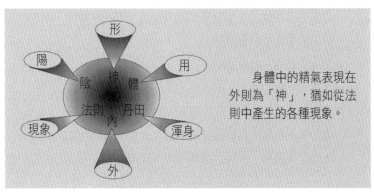

身體中的精氣表現在
外則為「神」，猶如從法
則中產生的各種現象。

初學時，很難看透「神」，透過不斷地、正確地練習姿勢、動作等外形，漸漸地就能看到自己和他人的「神」。

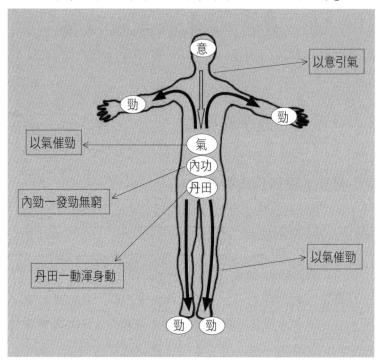

戴氏心意拳尚丹田力

丹田上滾下滾，左滾右滾，前滾後滾，滾為勁。

動之如螺旋，無堅不摧。

起落似彈簧，蓄勁呈威。

看其攻，攻中有防；觀其防，防中有攻。

身落手起束中進，身起手落展中擊。

束身進步手起，隨展而身起手落。

束身之法屬陽，展身之法屬陰，陰起陽蓋。

滾丹田
丹田透過向各個方向翻滾而蓄勁（滾勁）

翻滾　　　　　圓透過旋轉、翻滾而產生勁力

勁力

○蓄勁呈威──凝聚的勁力

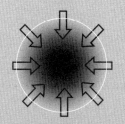

蓄勁如上圖所示，是為了達到目的而在身體內部積蓄力量，不是特意向反方向回力而引發後坐力。若引發後坐力，就會給對手以還擊之機。例如，用手打時，特意將手甩到後邊再打；向前進時，先將重心向後移動。

凝聚的勁力猶如火山爆發前聚集的巨大能量，雖然從外面看不到什麼動靜，一旦爆發就呈現出火噴的景象。

拙力的例子

為了出拳有力，而使用後坐力。往後一坐，就會被對方識破。

起點

目的地

後坐

翻滾丹田，不是為了分別進行攻擊和防禦，而是用一個勁力使攻擊和防禦一氣呵成。

看其攻，攻中有防，
看其防，防中有攻。

攻擊

防禦

將攻擊和防禦分為兩個節奏進行，勁力會中途停頓，動作就會變慢。

目的地

防禦

王映海口傳

戴氏心意拳是在身體的各個部分畫圓，要把自己的身體變成球。

戴氏心意拳目錄

身法：蹲丹田（蹲猴勢、丹田功）

步法：（搬丹田）寒雞步、虎步、寸步、疾步、踐步、竄步、龍形步、一字步、直步、地盤步、車輪步、反側步、圓形步、蛇形步、閃戰步等。

手法：

雙 把	丟把、摟把、抽把、乳把。
四 把	一把，投手加橫拳；二把，挑領；三把，鷹捉；四把，斬首炮。
五 行	劈拳、躦拳、崩拳、炮拳、橫拳。
三 拳	躦拳、裹拳、踐拳。
十大形	龍、虎、猴、馬、蛇、熊、鷂、燕、雞、鷹。
七 炮	追風炮、連珠炮、通天炮、掘地炮、斬首炮、捉邊炮、摸邊炮。
七 膀	臥虎膀、押眉膀、波落膀、裹風膀、犁行膀、鷂入林膀、人字膀。
七小形	鼉形、鮐形、蜻蜓點水、喜鵲登梅、狸貓上樹、烏牛擺頭、背林走角。

> 螳螂閘勢　一趟閘勢、二趟閘勢、三趟閘勢、四趟閘勢、五
> 　　　　　趟閘勢。
>
> 連環手、撥浪鼓手、鬥手、螳螂架底鐘。
> 電擊電撼、地瑞、雙夾扣、敵球手、束雞手、玉女穿梭、長
> 蟲吸食。
> 吞吐手、中節炮、鴕鳥二行、雲摩膀、蜘蛛形、撕棉手。
>
> **兵器**：鐵筷子、槍、三棍、三刀、閉穴橛、峨眉刺等。

・練功介紹

教學步驟

> ①身法　　　②步法　　　③手法（技法）

　　戴氏心意拳首先從丹田功開始學習身法，其次學習虎步、寒雞步等核心步法，最後學習各種招式的手法（技法）套路。

　　中國武術大多是按照站樁功、基本功、套路、用法的程式進行教學，但是，戴氏心意拳首先學習的卻是被稱為戴氏心意拳核心的身法。戴氏心意拳即使在教學方面也有其獨特的方法。

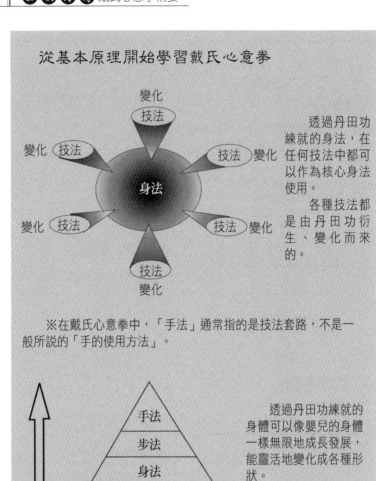

從基本原理開始學習戴氏心意拳

變化 技法

變化 技法   技法 變化

身法

變化 技法   技法 變化

技法
變化

透過丹田功練就的身法，在任何技法中都可以作為核心身法使用。

各種技法都是由丹田功衍生、變化而來的。

※在戴氏心意拳中，「手法」通常指的是技法套路，不是一般所說的「手的使用方法」。

手法
步法
身法

透過丹田功練就的身體可以像嬰兒的身體一樣無限地成長發展，能靈活地變化成各種形狀。

練功時的注意事項

⊙練拳的目的

練拳的目的是健身和防身。內練精、氣、神，外練筋、骨、皮。

取自然界的混元氣，追求陰陽相濟以及五行的生剋變化。

⊙注意事項

（1）身心狀態

練拳時應身體放鬆，內心平靜、無雜念，集中精力。

（2）練習的場地

最好選擇能夠吸入自然空氣、使身心放鬆的場地。

例如：

沒有閒人擅自闖入、不分散精力，注意力能夠集中的場地。

室外的自然開闊地帶。

有一定濕度的土地，平坦的地方。

周圍有樹，安靜的地方。

附近有海邊或河灘，等等。

（3）練習時間

① 晨練：早晨，陰氣下降、陽氣上升，天地陰陽氣體融合，混元氣相交融為一體，空氣清新。首先深呼吸，慢慢地進行自身與天地之間的吐納，使氣血運行更為通暢，將身體中的濁氣置換為清氣。

讓心身充分活動開來，不僅要擁有良好的心情充實每天的生活，也要透過持續不斷地練拳，強壯身體、鍛鍊筋骨。

② 晚練：日落時，陽氣下降、陰氣上升，天地陰陽氣體融合，混元氣相交融為一體。取天地陰陽交融的混元之氣來練功，既可以改善身體的陰陽平衡，使身心放鬆，又

可以改善睡眠品質。如能很好地練氣、養神，就能有充沛的精力。

鍛鍊精氣神，養筋骨皮，可達到內外融合，促進心身健康，從而成為金剛之體而百病不入。

（4）夏練三伏、冬練三九

① 三伏天：三伏天是一年中最熱的時期，也是萬物生長的成熟時期。人體的陰氣潛藏在內部，外部表現的是熱，內則為寒氣。運動可以養陽滋陰，從而保持陰陽平衡，使內外的陰陽融為一體。

② 三九天：三九天是一年中最寒冷的時期，也是萬物冬眠、潛藏的時期。人體的陽氣潛藏在內部，陰氣在外。陰是虛的，內部的火向外瀉出，所以身體會感到寒冷。透過調養陽氣腎水，使內火旺盛，調整洩露出的熱，保持陰陽平衡，使內外的陰陽融為一體。

三伏天和三九天是練功和健身最有效的時期，練拳越有效果，抵禦疾病的能力越大。如果再調整生活習慣，適度地飲食、勞動，練拳效果會更好。透過煉精化氣，煉氣化神來強身健體，精神狀態也隨之好轉，即使上了年紀，也會百病不侵。

（5）練功服

練功服，即適合季節、氣溫、身體情況及行動方便的服裝。

纏上腰帶，對養成丹田爆發力十分有益。注意纏腰帶不宜過緊，也不宜過鬆。

鞋底不要太厚，以感覺到腳掌能抓地的程度為宜。

（6）練習間隔

俗話說：「一日練拳一日功，一日不練十日鬆。」所以，在夏天最熱、冬天最冷的早、晚都要不間斷地練習。

（7）練習強度

練習時若感到心身疲勞，或不能集中注意力，或開始出汗，應當即休息。可以練習和休息穿插進行。若不練，身體會變弱，但若一直魯莽地練下去，則自身陰陽平衡的感覺會越發遲鈍。

練拳三注意

（1）練拳前

勿餓勿飽。飯前餓得發困不練拳，練則無力且傷神；飯後過飽不練拳，練則傷脾胃；身體勞累過度不練快勁，練則傷腎。

（2）練拳中

不可思前想後、發怒。思前想後，則注意力不集中；發怒則氣亂。不可說笑、垂涎、故意賣弄。說笑則不集中精力，流涎則喉嚨乾渴，咳痰，故意賣弄則無謂地耗費元氣。

（3）練習後

練習後30分鐘之內，不可飲食、排泄、臥床。若飲食，容易消化不良。若排泄，則洩氣。若臥床，則氣不通暢。

練拳三害

（1）努氣

爪則折，易胸生滿氣、發生逆氣，傷肺，心君不和則百官失其位。

（2）用拙力（蠻力）

若使用拙力，則四肢百骸血脈阻滯，經絡不暢，陰火上升。心為拙氣所滯。滯於何處，何處為病，輕者肉跳，重者疼痛，甚至結成瘡毒。

（3）膨胸提腹

膨胸提腹者，逆氣上行不歸丹田，而足無根，輕如浮萍，全體不得中和。

不知三害者，練之可以傷身，知曉三害者，自能引入正道、滋養身心。樹德務滋，除惡務本，練習者應謹慎為之。

身法

1 鍛鍊丹田

• 丹田功概述

身法名稱

丹田功根據其外觀也有蹲猴勢、毛猴站、蹲丹田等別稱。

「蹲猴勢」，是指猴子下蹲的姿勢，「毛猴站」，是指猴子站立的姿勢。由於「蹲猴」與丹田功的動作相吻合，因此也有「蹲丹田」的說法。

丹田功的目的

> 內站丹田、外站猴勢

解說 站，廣義的解釋是造就、培養。「在身體內部培養丹田，外形上要做出猴子的姿勢」，身體內部與身體外部是陰陽互通的關係，在丹田沒有培養好之前，僅僅做好外部的姿勢是沒有意義的。另外，擺出猴勢也可以培養丹田。

精養靈根氣養身，元陽不走得其真，

丹田養就長命寶，萬兩黃金不與人。

解說「靈根」是指丹田。「元陽不走」是指元陽不會被浪費。「長命寶」是指培養生命力。

心意拳中陰陽的運動

陰陽在戴氏心意拳裏是非常重要的，雖然二者是相對立的，但是卻彼此不能分離。比如呼和吸、剛和柔、虛和實、縮和漲、束和展、起和落、吞和吐、斜和正等動作是相反的，但正是兩者的相互交合才能達到其各自的目的。

心意拳的身法及氣的運行

內站丹田，外站猴勢。

頂心塌手心、手心塌腳心、腳起到天門，即使架勢低，也可以靈活地束展，保持像嬰兒一樣輕鬆安靜的狀態。下蹲內收，任督二脈交融，氣血暢通丹田。如此循環往復，達到壯外培內的目的。長久鍛鍊，可達到外固形體而不散，內固根本而氣實的目的。

透過意念作用達到氣沉丹田，再由內氣向身體各個部位傳送。（引氣法、周天法）

丹田功的內功原理

⊙「內外三合，合二為一」的原理

丹田催根節，根節催中節，中節催梢節。根節催，中

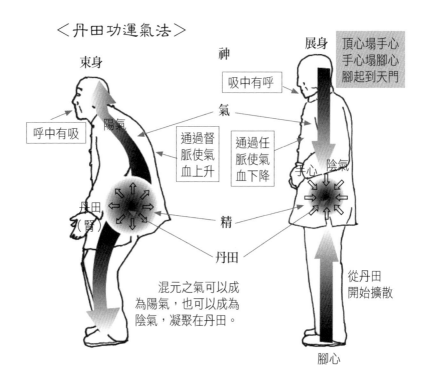

〈丹田功運氣法〉

束身

神

展身

頂心塌手心
手心塌腳心
腳起到天門

吸中有呼

氣

呼中有吸

陽氣

通過督
脈使氣
血上升

通過任
脈使氣
血下降

手心　陰氣

丹田
（腎）

精

丹田

從丹田
開始擴散

混元之氣可以成
為陽氣，也可以成為
陰氣，凝聚在丹田。

腳心

節隨，梢節追（三節、三催）。以意導氣、以氣促勁。勁
可達四梢，由此可達到內外三合，合二為一。

　　氣可以相互反應，吸到丹田後可以吐到肺經，清氣下
沉、濁氣上升，呼中有吸、吸中有呼。但是在吸中有呼
時，意念上將鼻子吸氣後運至丹田，呼中有吸時意念上將
氣經過肺經排出。

　　※清氣是指擴散的氣。濁氣是指凝縮的氣。清氣最終會聚集在
一起，開始下沉，濁氣則形成向上升。

　⊙內功養成要領

　　煉內功可以模仿嬰兒在母親子宮內的姿勢。舌抵上

齶，嘴唇輕閉，牙齒輕咬。舌抵上齶時督脈即可貫通。兩
肘不離肋，兩手不離心，出洞入洞緊隨身。氣沉丹田，剛
中寓柔，柔中有剛。

⊙內功的健身效果

蹲丹田有提高身體功能的效果。以意導氣、以氣促
勁，勁可達四梢。將腳伸直、直立背筋、伸展頭部等束展
運動，可以增高。以意導氣，以氣促勁可以補益全身，對
膝關節疾病、腰椎疾病、脊椎疾病、頸椎病具有良好的預
防及治療效果。

肺的運動與中醫學

肺吸收大氣中的清氣，排放體內的濁氣，具有呼吸、宣發肅
降、水循環三種功能。

宣發是往上提的意思。肅降是往下降的意思。濁氣、水分、
體液（津液）、營養成分可以通過宣發功能往上提，從而到達全
身，具有養育身體、保護身體的功效。

肅降可以吸收大氣中乾淨的空氣，使清氣、營養、津液往下
降。

肺部管理著體內的水循環運動，它調節身體表面毛孔的張
閉，由汗水調節體內的水分以及體溫，同時，也可以提高衛氣的
通透性。

熟練戴氏心意拳的人，在發勁時會由肺經使全身都起雞皮疙
瘩（在戴氏心意拳中，將該現象稱為毛孔呼吸，由自主神經的意
識以達到控制的作用）。

丹田功歌訣

手抱丹田身軀正，二目平視腳並心。
神定心寧無雜念，輕鬆自然講虛靈。
虎視眈眈不轉睛，盯住對方看眼神。
含胸拔背肩內扣，沉肩垂肘向下沉。
收臀提肛如忍便，腹部內凹呈圓形。
兩手下垂至膝面，邊垂邊翻見手心。
手托相挨臂靠臂，兩腿彎曲呈圓形。
重心勿偏身脊正，三尖對齊最要緊。
舌抵上齶周天通，頭要微仰卻要正。
牙齒合緊嘴要閉，背弓腿曲為束身。
展身也要講虛靈，徐徐起來勁不停。
挺項收額頭要頂，視點不移眼出神。
挺胸豎脊腳底蹬，手抱丹田氣呼盡。
氣出兩心為釘頂，若打快勁發呵音。

解說

三尖指鼻尖、膝尖、腳尖。三心指頂心、手心、足心。三圓指脊背圓、前胸圓、虎口圓。

武術傳承與歌訣

歌訣是指將武術的要領用五字、七字等句子編成的詩一樣具有韻律的口訣。

歌訣方便背誦，在傳誦文化中對武術傳承起到了很大的作用。

• 預備姿勢

一、無極勢

【動作】身體放鬆，雙腳自然站立，與肩同寬，腳尖向前，兩臂自然下垂，手掌貼著兩腿外側，雙目微閉，使全身處於放鬆狀態。此時不要動心意，也不要動外形。

【要求】全身放鬆、立身中正、沉肩垂肘、虛領頂勁、心無雜念。

【拳譜】凡是有動必有靜，動者靜之效，

靜者動之儲也。然靜為動之源，

而運動者尤必先致力於靜，如是則氣內充而力外裕矣。

【拳譜】三心掃，四相空，一氣混沌，無所意向。

二、太極式

【動作】集中混元之氣後，心

意可動。兩手從身體的兩側開始移動，在丹田前面將手疊起來。（男性左手在內、右手在外，女性右手在內、左手在外）兩肘貼著腋下，身體垂直站立，頭部自然垂直。下頜自然往後縮，口似開非開，牙齒微扣，舌抵上齶。二目平視，氣沉丹田，用意識將丹田守住。

【要求】立身中正、全身放鬆、二目平視、舌抵上齶、沉肩、貼肘、虛領頂勁、意守丹田。

【拳譜】勢將混沌之氣略加收聚，此時心意已動，四梢之驚，不過內勁已具，而外形未露，謂之太極也。

【要領】

· 丹田功需要不斷地重複束身與展身，並且束身展身動作要不斷地進行，不能終止。

· 束身時吸氣、展身時呼氣，需要自然進行。

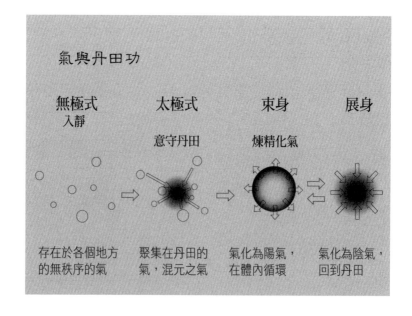

氣與丹田功

無極式 入靜	太極式 意守丹田	束身 煉精化氣	展身
存在於各個地方的無秩序的氣	聚集在丹田的氣，混元之氣	氣化為陽氣，在體內循環	氣化為陰氣，回到丹田

【拳譜】動靜，變化物體之位置或方向，曰動；保持原態，曰靜。

拳法以靜為本體、動為作用。若言靜，未露其機；若言動，未見其跡。動作敏速則跡不見。

心意拳當行動時，心中泰然，抱元守一。

未當不靜，及期靜也，神明未測，有觸即發，未當無動，於動時存靜意，於靜中寓動機，一動一靜，互為其根，合乎自然也。（十六柱）

•丹田功練法

蹲猴樁正面

【意義】丹田功是戴氏心意拳的核心動作。透過丹田功的練習，可以掌握戴氏心意拳的身法。丹田功是在所有的技法中都會使用到的身法，透過熟練地使用丹田功，可以由丹田向全身發送巨大的勁力。

一、束　身

【動作】束身動作緊跟預備姿勢。束身是指將骨盆向著斜前方向旋轉（縮尾），兩膝向內彎曲併攏（裹胯、雞腿）。同時，上半身需要含胸拔背，將背部彎曲（含胸拔背、猴背），兩目平視，放鬆脖頸，頭部、頸部、背部形成S形（虎豹頭）。肩部往內下沉（抱肩），肘部向內並輕貼側腹（肘不離肋），像往下放一樣（裹勁、螺旋勁）。兩掌翻開，將指尖下放到膝蓋處，向著正面。鼻尖、膝尖、腳尖從側面看能形成一條直線（三尖相照），

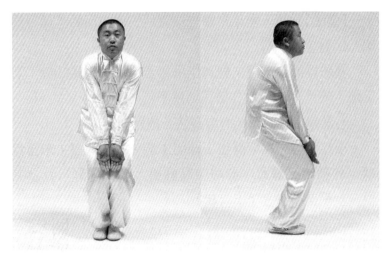

束身（正面）　　　　　　束身（側面）

像是猴子蹲著的姿勢。

　　所有的動作同時開始，同時完成。

　　⊙容易出現的錯誤

　　背部、頭部沒有彎曲，處於垂直僵硬的狀態。動作沒有一起完成，處於散亂的狀態。

　　【要求】抱肩，貼肘，裹胯，提肛，縮尾，含胸拔背，三尖相照，二目平視，完整一致。

　　【內勁】裹勁，滾勁，縮勁，合勁。

　　【拳譜】由前勢將身束下呈舒勢，即站毛猴式也。

　　此時全身陰陽已分，不過三體四象未判，謂之兩儀勢也。

二、展 身

【動作】緊跟束身動作，將腰部順時針旋轉（熊腰），伸膝，雙足踏地（釘勁），雙腳伸直，同時將背部伸直，擴胸。稍微收回下頷（收顎），伸展脖頸，將勁向上貫通（虎豹頭、頂勁），眼睛向前看（雙目平視），順著上述動作，兩掌向上翻轉過來後移到丹田，像抱著丹田一樣用兩掌抱著下腹部（手抱丹田）。

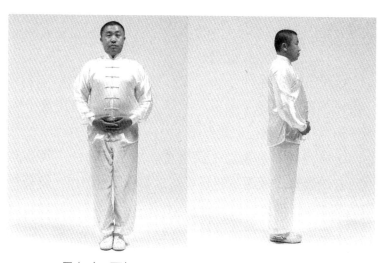

展身（正面）　　　　　　　展身（側面）

【要求】雙肩放鬆下沉，肘部輕貼腹部後貼著腋下（鬆肩、垂肩、貼肋）。身體垂直站立（立身中正），身體不能左右或前後傾斜。眼睛向前看（雙目平視），所有的動作都同時開始，並且同時完成。全身放鬆，氣沉丹田，呼吸自然。

⊙容易出現的錯誤

·有的動作開始了，有的動作卻沒有跟上。伸展之後，虎豹頭等動作才開始啟動，動作步調不一致。

·身體前後左右傾斜，不穩定。

·胸部、頭部、肩部緊張，無法做到氣沉丹田。

【內勁】透過展身煥發身體機能，腳心的湧泉穴釘向下方，頭部的百會穴向上頂起。熟練之後，可以培養向各個方向擴散的崩勁和爆發勁。

講解蹲猴樁要領

⊙丹田功要領

·慢練時用鼻子吸氣、吐氣。伴隨發聲時用鼻子吸氣、用嘴吐氣。嘴巴似開似閉。

·以慢動作為重點，偶爾可以加入快動作（快速動作、發勁動作）練習。初學者應當多練習慢動作，隨著動作的熟練可以漸漸加入一些快動作。

·發勁時需要伴隨雷聲。雷聲有「嗨、呀、咦、呵、哈」等五種發音。

·動作需要由意識引導並確定重心的位置以及身體各部位的動作是否協調一致，透過意識調整身體的姿勢以及動作。

丹田功詳解（正面）

初學時，丹田功的展身動作是將身體伸

正面輕動

直，而束身動作則是彎曲背脊、彎曲膝蓋，同時將兩手伸
至膝蓋。剛開始時只是學習粗略的動作，隨著動作的熟
練，可以學習胸部、腰部、腳心等身體各個部位的動作以
及協調（三節），同時也可以學習精神意識及動作（六
合）等。這些詳細的動作往往需要觀看實際示範以及學習

展身 → 束身

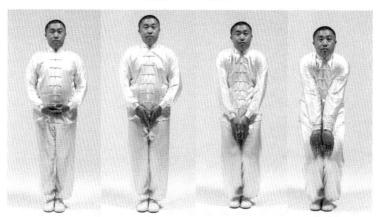

束身 → 展身

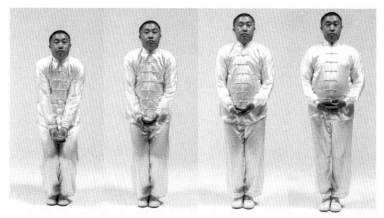

口訣等指導才能充分理解，但是相信透過連貫性的照片也可以幫助讀者提高理解。請注意觀察細節部分。

丹田功詳解（側面）

側面輕動

展身 → 束身

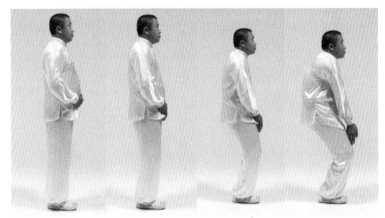

束身 → 展身

2 產生勁力的條件之一 「身法六要」

•身法與勁力

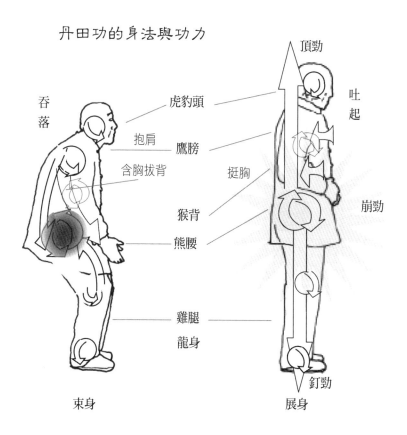

丹田功的身法與功力

吞落

虎豹頭

抱肩　鷹膀

含胸拔背

猴背

熊腰

雞腿

龍身

束身

頂勁

吐起

挺胸

崩勁

釘勁

展身

　　所謂身法六要，是指構成身法的六種動作：雞腿、龍身、熊腰、鷹膀、猴背、虎豹頭。這六種身法各有其妙，雞腿取其獨立之能，龍身取其活躍之態，熊腰取其力大之勢，鷹膀取其撲擊之猛，猴背取其縱身之靈，虎豹頭取其虎視眈眈之神。

　　這些身法能夠透過身體各部位的彎曲、展開（縮束展漲）而使身體中心所產生的勁力毫無阻塞地輸往全身，並按六要規矩達到周身勁力飽滿協調一致，這與「丹田一動渾身俱動」是相符合的。

勁力的基本概念——曲

斷勁：勁力在發放過程中出現中斷。

拙力：只利用身體的一部分發力而產生的僵硬力量。

蠻力：由強化部分肌肉從而達到將力發揮出去的力量。

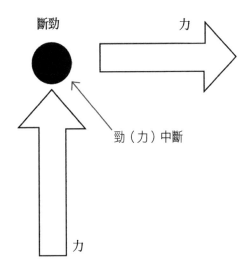

　　如果能各關節構成角度，就可以由各肌肉散亂的肌力將力量發揮出來。

　　如果原封不動地在拙力的基礎上強化肌力，則難以培養出全身的協調性及巧妙性。

容易產生斷勁的例子

使勁的現象：	抬肩、開肘、用力等。
萎靡的狀態：	腰腳無力、腰（重心）上移等。
意識不集中的狀態：	走神、鬆懈、足部不著地等。

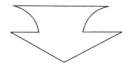

　　熟練之後，可以擺出不產生斷勁的姿勢及動作。

勁力

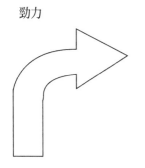

　　為了發勁，身體必須達到無死角，從而避免出現斷勁。

　　這樣既不會使力量中斷，又能將全身的力量協調發揮。

　　所發出來的力量就是全身協調後產生的力量。

　　主要的鍛鍊方法為做到全身協調一致。

　　戴氏心意拳的身法的訓練就是以此為目的。

• 身法六要

雞 腿

雞有獨立之能，練雞腿是為了掌握平衡能力。

> 雞腿因其兩腿夾緊，則敵不易採入中門，
> 且其出步係從肚裏掏出（腳從肚裏出），可免意外之險。

解說 邁出虛靈步時，兩腿不僅僅是簡單地閉合，而且需要重疊後再閉合（剪子股）。膝蓋向內彎曲，擁有向前的勁力。做雞腿動作時，即使是靜止的形態，勁力也猶存在內，一旦重新運動便可產生強有力的勁力。

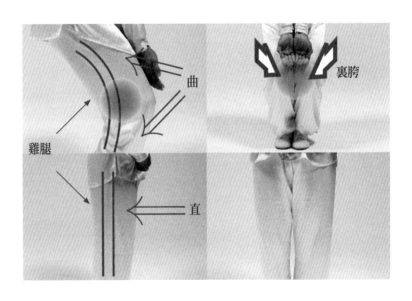

曲

雞腿

直

裏胯

丹田功中的雞腿

從縱向來看，由彎曲儲存大量的勁力。

從橫向來看，由裏胯儲存勁力。

由展身動作而使勁力向外釋放。

腿部作為身體下盤的基礎以及根基，是產生爆發力的強大原動力所在。

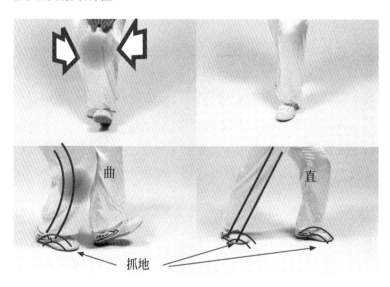

從虛靈步轉化為虎步中的雞腿

搬丹田的雞腿與丹田發勁是一樣的原理，根據步法的不同，由丹田翻轉催動三節（胯、膝、足）上步，落步時五趾抓地以保持平衡。

熊　腰

熊腰取其下貴蹲有勁，則紮勢穩固不易顛跌。

解說 熊腰取其力大之勢。

提肛（收臀提肛如忍便）

　　腰是全身的中間部位，腰部可以產生巨大的勁力。如果腰部角度不合規矩，勁力的傳輸則不通暢。由腰的彎與直，可使處在身體中心位置的丹田中產生的勁力向周身傳送，因此腰是一個非常重要的部位。

　　做熊腰時，上方向需要與猴背協調一致，從而產生並傳送勁力，下方向需要與雞腿協調一致從而產生並傳送勁力。

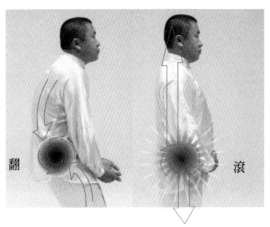

翻　　　　滾

在腰部
產生的
斷勁

　　如果腰部角度
不合規矩，會出現
斷勁，從而使上半
身跟下半身的勁力
散亂。

　　由熊腰及雞腿產生的勁力由彎曲腰部再豎直，由丹田產生的勁力傳達至膝蓋和腳心，一定要避免角度偏差引起斷勁。

猴 背

猴背取其後背突出，而內天自收，翻時有勢。

解說 猴有縱身之靈，由練習猴背來掌握縮束的要領。

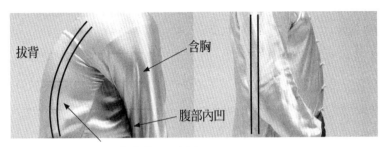

拔背

含胸

腹部內凹

含胸就是縮和束，拔背就是展和漲。

含胸拔背可使丹田產生的勁力向梢節傳達並協調一致。含胸還可以將對方來勁吞化，起著非常重要的作用。

鷹 膀

鷹膀取其膀束而鑽顛有勢，起落有勁也。

解說 鷹膀取其撲擊之猛，由練習鷹膀來掌握肩部束展的要領。

鷹膀是透過消除身體與手臂的角度而使斷勁消失。透過彎曲腰部，使由丹田產生的勁力向外傳送。鷹膀透過肩膀橫方向地開合，可使已通過猴背的丹田勁力傳向手臂。做鷹膀時要注意沉肩、鬆肩。

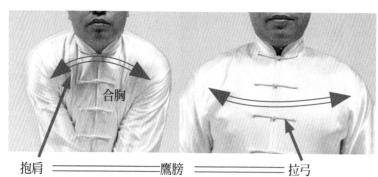

抱肩 ══════ 鷹膀 ══════ 拉弓

肩膀向內側裹著將其捲起來　　　像拉弓一樣展開肩膀

鷹膀是指像雄鷹展翅一樣使肩膀開合

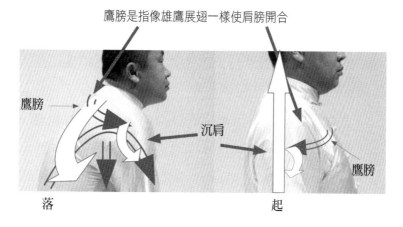

落　　　　　　　　　　　起

在做縮束動作時，透過丹田的翻滾、合胸使胸部消除緊張狀態，在做展漲動作時，肩膀向兩側展開，挺胸豎脊拔背。

即使丹田翻滾，肩部也不能緊張或抬起，要保持沉肩。

虎豹頭

虎豹頭是指像老虎或豹子般捕獲獵物時，近距離彎腰悄悄地接近，目光緊盯獵物。在襲擊獵物時抬起身子，撲

過去後從上方將獵物按倒。在束身時將頭部稍微仰起，展身時，下頜稍微收起，使頭部縱向旋轉。

> 虎豹頭取其振骨挺直，則額顱有勁。
> 俗云：「豪傑出於振骨，英雄出於額顱。」亦此意也。

解說 虎豹頭，取虎視眈眈之神，模仿的是虎豹聚精會神捕食時的神態。

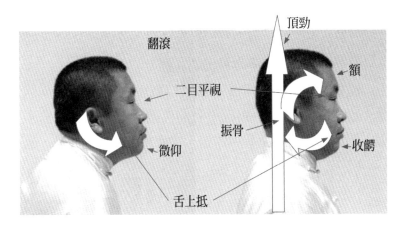

虎豹頭本身的翻滾動作並不具備巨大的勁力，但是虎豹頭的主要作用是與其他六要相互聯繫，調整全身的平衡性以便將勁力傳導出去，關鍵在於虎視眈眈，且不轉睛盯住對方看的眼神，在身法中起主導作用。（眼有監察之精）

【要領】

‧束身時，頭要微仰且要正，展身時挺項收齶頭要頂。頭部即使縱向翻滾，眼睛仍保持平視。

‧不能使頭部僵硬，束身時下頜不能過於向前，展身時下頜不能過於收回，各種動作都不能刻意為之，要保持

自然。

　‧舌抵上齶，牙齒微扣，嘴唇微閉，似開未開。

龍 身

　　龍身是指像龍一樣靈活，閃展騰挪變化莫測。將雞腿、熊腰、猴背、鷹膀、虎豹頭以及起落、斜正等縱向、橫向的運動透過全身表現出來，這種勁力剛柔並濟。

　　原文 龍身取其扭轉靈便，變化莫測也。

　　身體的彎曲①——以丹田功為例

　　龍身是指雞腿、熊腰、猴背、鷹膀、虎豹頭牽涉的胸部、肘部、手部、手指等所有部位靈活地移動，柔而不弱，剛而不僵，從而產生內勁。初練時，需意遍周身，隨

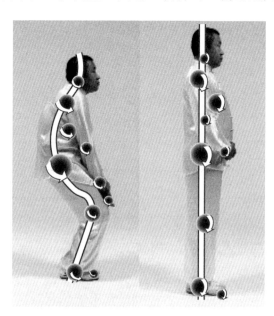

著動作的熟練，動作會越來越連貫，周身協調統一。

身體的彎曲②——以崩拳為例

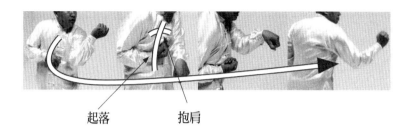

　　　　起落　　　　抱肩

⊙龍身是如何練出來的

先練蹲丹田把身上的爆發力引導出來，再透過練搬丹田（包括閃展步、地盤步等各種步法）把爆發力挪出去，最後通過單把、雙把等各種身法練習把爆發力催到梢節上，經過長期訓練形成全身的靈活性，這才是龍身真正的含義。

步法

1 搬丹田

• 歌訣解說

搬丹田（步法）歌訣

> 手抱丹田身軀正，右腳後拖至腳跟。
> 腳尖微側趾頂跟，重心壓在後腳心。
> 後腿微彎呈圓形，前腿微曲要虛靈。
> 腳掌上蹺翻腳心，抬頭弓腰似猴形。
> 兩腿彎處至頂膝，兩手至膝束勢成。
> 到此為止算束身，再做展身往前行。
> 重心前移前腿出，腳掌抓地要毒狠。
> 前後距離一腳半，腳向內扣同向行。
> 前弓後直為虎步，到此步法算完成。

解說「手抱丹田身軀正」是預備姿勢，屬於步法開始前的站立姿勢。「右腳後拖至腳跟」是開始動作。使用虛靈步

站立，前腳腳後跟與後腳腳尖之間應保持一拳距離。

「腳尖微側趾頂跟，重心壓在後腳心」是斜中有正的虛靈步。

「腳尖微側趾頂跟」，如圖所示，後腳如斜站在一長方磚內，腳尖對方磚右上角，腳跟對左下角，後腳心落在方磚中心線正中。前腳腳後跟裏側和後腳腳心在一條直線上，前腳大趾和二趾接縫處也和後腳心呈一條直線。

「重心壓在後腳心」，指後腿微彎呈圓形，前腿微曲要虛靈，腳掌上蹺翻腳心。重心在後腳，前腳腳跟著地，腳掌自然上蹺，重心分配比例前三後七，前腳為虛，後腳為實。更進一步的要求，後腳也做到腳掌與腳跟虛實變換。

「抬頭弓腰似猴形」指虎豹頭、猴背、鷹膀、熊腰（後文描述）。

「兩腿彎處至頂膝」使前腿彎曲與後膝蓋重合，形成夾剪，後腿膝蓋頂到前腿彎內側約1/3處，這樣才能達到夾剪要求的合住又放鬆（拳譜中的「步步行動剪子股」要領）。

虎步的要求

「重心前移前腿出」是指邊移動重心，邊向前邁步。需要注意的是，並不是邁步後才將重心移動。

「腳趾抓地要毒狠」指平常練習前腳五趾落地自然抓住地面，保持身體平衡穩定。毒狠的要求是指發勁時，落地的瞬間發出爆發力。

「前後距離一腳半」是指後腳指尖與前腳腳跟之間的距離。（一腳是赤腳腳尖到腳後跟的距離，練習者應根據自身

腿腳長度適當調整。)

　　「腳向內扣同向行」前腳向前邁步，要保持與虛靈步一樣的方向，不能改變其角度，變化的只是前後腳的距離。（腳需要向內平行）

　　以上講的是「虎步」的要求。

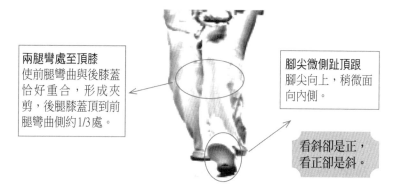

兩腿彎處至頂膝
使前腿彎曲與後膝蓋恰好重合，形成夾剪，後腿膝蓋頂到前腿彎曲側約1/3處。

腳尖微側趾頂跟
腳尖向上，稍微面向內側。

看斜卻是正，
看正卻是斜。

經過裹胯蓄勁，兩膝蓋內扣成夾剪勁，身體向前微傾，作為進步的蓄勢。

搬丹田歌訣圖解

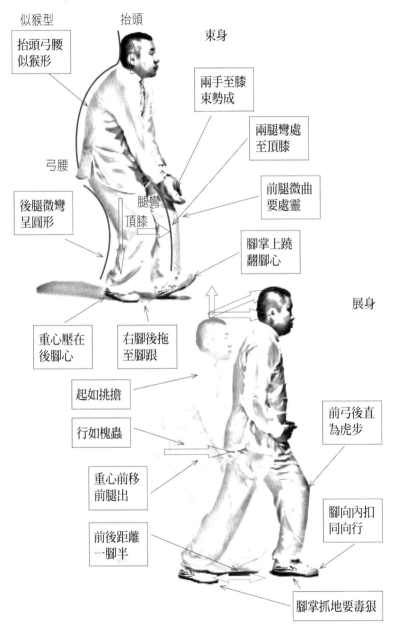

似猴型

抬頭

束身

抬頭弓腰
似猴形

兩手至膝
束勢成

兩腿彎處
至頂膝

前腿微曲
要處靈

弓腰

腿彎
頂膝

後腿微彎
呈圓形

腳掌上蹺
翻腳心

展身

重心壓在
後腳心

右腳後拖
至腳跟

起如挑擔

前弓後直
為虎步

行如槐蟲

重心前移
前腿出

腳向內扣
同向行

前後距離
一腳半

腳掌抓地要毒狠

步法的種類

步法有寒雞步、虎步、寸步、疾步、踐步、竄步、龍形步、一字步、直步、地盤步、車輪步、反側步、圓形步、蛇形步、閃戰步等多種類型。

⊙白鶴亮翅中的地盤步

⊙跳躍技法

步法的意義

拳譜曰：「步打七分手打三」，所有步法的目的都是

交手時搶佔先機，掌控好自己的重心，破壞對方的重心。
拳譜曰：「牆倒容易推，天塌最難擎」，指的是只有破壞
了對方的重心，才能擊倒對方。

・虎　步

虎步

在戴氏心意拳的技法中，虎步是最基礎的步法，其他
步法都是在其基礎上根據方向的變化而產生的。虎步也是
戴氏心意拳搬丹田中的核心步法，是初學時必須掌握的步
法。

練好蹲丹田的爆發力後，需要在身體移動變化中把丹
田爆發力催發出去。虎步是練習爆發力催發全身的基礎。

動作說明

■無極式

【動作1】兩腳自然站立。

拳譜要領：頭頂天，足抓
地，先定心，心定神寧，神
定心安，心安清靜，清靜無
物，無物氣行，氣行絕象，絕
象覺明，覺明則神氣相通，萬
氣歸根，合成一氣。

（絕象覺明：指的是練到
高級程度似有似無的感覺，說
有又沒有，說沒有又有。）

動作1、動作2　無極式、
太極式

■太極式

【動作2】在太極式中，動作雖未變化，但意識已開始運行，這是動作開始前的姿勢，是一種靜中有動的姿勢。

【意念】氣沉丹田，意念貫注丹田，身體處於心平氣和的狀態。

同時需要具備縮束展漲的意識。

【要領】立身中正、全身放鬆、沉肩垂肘、虛領頂勁、氣沉丹田、呼吸自然、舌抵上齶、二目平視、兩肘夾住。

■虛步

【動作3】左腳稍向右側打開，如前述斜站於一長方磚中，同時束身，右腳上前呈虛步，腳掌上翹，身體向著前進方向。左腳尖與左腳後跟保持一拳距離，左腳腳心與右腳後跟的內側從正面看起來呈一條直線。左右膝蓋如弓般彎曲，重心轉移到左腳，右腳成虛步。

同時雙手背貼左（前）大腿。

束身與虛步相互協調，動作需要同步開始、同步完成。

【內勁】裹胯蓄勁，前腿彎曲與後膝蓋重合，形成夾剪。

【要領】抱肩、裹胯、束尾、收臀、提肛、含胸、拔背、沉肩、腹部內凹、兩目平視、呼吸自然、完整一致。

動作3　虛步

■弓步

【**動作4**】重心前移，右腿出，展身的同時，左腳位置不變並伸展膝蓋，催動右腳貼地上步，保持兩腿夾剪勁，兩腳間距一腳半（步大不靈）。

同時兩手翻轉抱住丹田。

【**內勁**】釘勁、頂勁、踩撲勁。

【**要領**】立身中正、全身放鬆、沉肩、虛靈頂勁、氣沉丹田、二目平視、呼吸自然。

■寸步

【**動作5**】右腳稍微向前邁進，成斜形。

【**要領**】完整一致，寸步開始的同時縮束全身。

■虛步

【**動作6**】在束身的同時，左腳向前邁一步（上步），呈左虛步。動作要領和前述要求一樣。

動作4　弓步　　　　　　　動作5　寸步

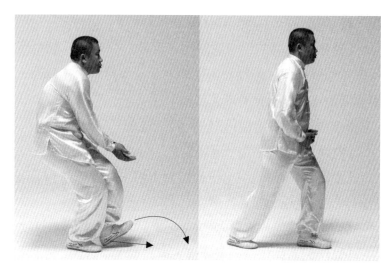

動作6　虛步　　　　　　　　動作7　弓步

■弓步

【動作7】展身的同時，右腳位置不變並伸展膝蓋，催動左腳上步，兩腳間距一腳半。

■動作7之後

按照動作3～動作7重複練習。

■轉身

【動作】弓步後兩腳跟碾地，向後旋轉至身體面對後方，轉後束身呈虛步。

【要領】練習時需要時刻保持周身要領，意識到六合（渾身）的協調以及身體的穩定平衡等。感覺疲憊時，便可收勢休息。

解說 虎步練習按照虛步→弓步→寸步→虛步→弓步→寸步……的順序反覆練習。

■收勢

【動作】弓步後腳向前腳靠攏，不需刻意併攏，自然站立，恢復成無極式。

【要領】收勢的丹田功雖只運行一次，但多次運行也無妨。其作用是將氣歸於丹田，沉到湧泉。

虎步規矩

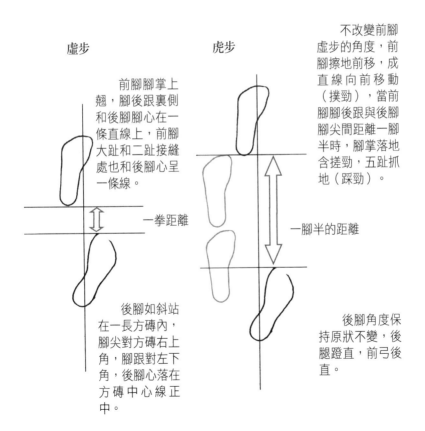

虛步

虎步

前腳腳掌上翹，腳後跟裏側和後腳腳心在一條直線上，前腳大趾和二趾接縫處也和後腳心呈一條線。

一拳距離

後腳如斜站在一長方磚內，腳尖對方磚右上角，腳跟對左下角，後腳心落在方磚中心線正中。

不改變前腳虛步的角度，前腳擦地前移，成直線向前移動（撲勁），當前腳腳後跟與後腳尖間距離一腳半時，腳掌落地含搓勁，五趾抓地（踩勁）。

一腳半的距離

後腳角度保持原狀不變，後腿蹬直，前弓後直。

■退步虎步

【動作1】重心後移，弓步前腳上提。

【動作2】將膝蓋提至胯部（腳與膝平，膝於胯平），腳尖向下。

【要領】鬆腰，提膝，從腳後跟開始向上提，垂腳尖，形成三節。

※三節——根節催，中節隨，梢節追。

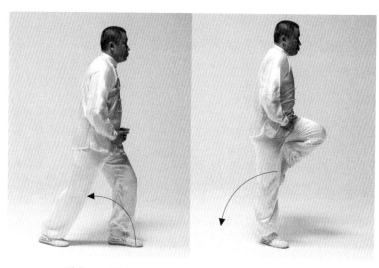

動作1　弓步　　　　　　動作2　提步

【動作3】腳尖向後扎地，腳掌、腳跟依次著地。

【動作4】重心落在左腳上，右腳與支撐腳間距離為一拳，成虛步。

【要領】抬起的腳部內側貼著支撐腳膝蓋內側（夾）向後下放。

【動作5】弓步前腳上提。

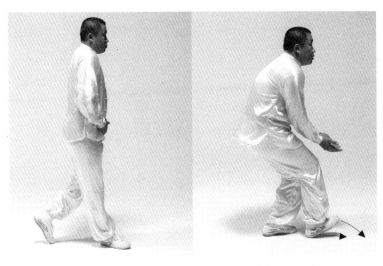

動作3　落步　　　　　　　動作4　虛步

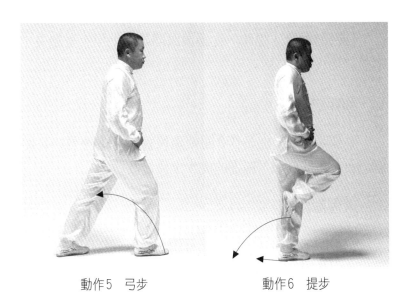

動作5　弓步　　　　　　　動作6　提步

【動作6】將膝蓋提至胯部（腳與膝平，膝於胯平），
腳尖向下。

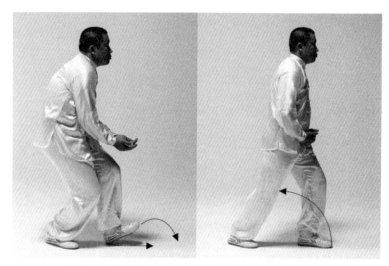

動作7　虛靈步　　　　　　動作8　虎步

【要領】鬆腰，提膝，從腳後跟開始向上提，垂腳尖，形成三節。

動作說明

動作8完畢，從動作2開始重複練習。當練習一定距離之後，再開始練習前進的虎步，最後收功。

練習階段

初學時，按照同樣的速度練習。隨著動作的熟練，從退步到虛步可以在一個動作內完成。虛步練習時需要做到穩定平衡。

•虎步練習的三階段

練習方法：

第一階段

初學時，按照虛步→弓步→寸步、虛步→弓步……的順序，每個動作逐一完成。練習時需要不斷確認是否已經掌握正確的動作及姿勢。

寸步移動的幅度不需要太大。

第二階段

掌握了正確的動作及姿勢後，隨著動作的熟練，可以開始展開緩急有度的練習。

寸步→虛步在一個動作內完成，在虛步後停止保持穩定平衡狀態。緩急有度地展開虛步→虎步動作。

寸步移動的幅度可以稍微加大。

第三階段

上述寸步→虛步→虎步……可以在一個動作內完成，動作順其自然。

後腿如弓、前腿如箭

解說 「身如弓、手如箭」，是指身法與手法之間的關係，六合中講手與腳合，手去腳不去，枉然；腳去手不去，亦枉然。手腳齊到方為真，所以應該講身如弓，手腳如箭。

與此相同，在表現上有「後腿如弓、前腿如箭」的說法。

在戴氏心意拳中，當身法處於弓形時，後腿也要處於弓形。後腿形成弓形，可以積蓄原動力，前腿可以如弓箭般釋放。保持這樣的狀態，不斷地練習可以達到一定的境界。

虎步用法

虎步很少單獨使用，一般都是與手法或身法相互協調使用。下面介紹單獨使用虎步的情況。

動作1　擺出虛步，出前腳

動作2　填滿間隔，但由於兩腿間間隔較大，將後腳向前腳靠攏（拖步）

動作3　形成弓步，透過前腳膝蓋、小腿或者大腿發力

關於拖步

初學者在練習虎步時，不能勉強使用拖步，剛開始練習時要保持後腳釘住不動。

拖步是爆發力練習到一定程度的高級步法，「起前腳，帶後腳，平飛而去」，是爆發力大於自身重量自然形成的步法，拖步時後腳不能離地。

從虛步變換為弓步時，保持後腳不動，並隨著動作的熟練，全身協調統一，逐步培養出釘勁。隨著爆發力的增強，使用拖步也可以產生勁力，收發自如。

•熊行步

熊行步的意義

　　熊行步是在虎步基礎上因敵而變化產生的斜向步法，與丹田功的束身展身動作相互協調，促使重心移動以及全身爆發勁力。交手時根據對手方向的變化，採用熊行步調整自身攻擊的方向，避免對手逃脫。

熊行步的動作

動作1　無極式、太極式　　　　　動作2　虛步（左）

　　【動作1】無極式（內不動意、外不動形）、太極式（心意動、外不動形）。

　　【動作2】向著前進方向，伴隨束身動作，形成虛步。手法與丹田功一樣。

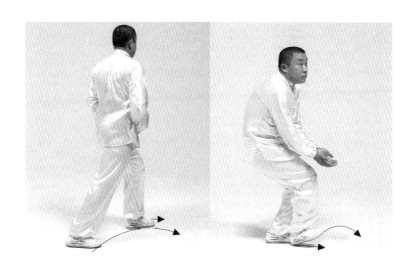

動作3　弓步（左）　　　　　　動作4　寸步　虛步

【動作3】將左腳向斜向45°邁開，形成弓步。（45°是初步練習時的要求，實際應用因對手的變化而變化，保持正面面對對手。）

【動作4】向相同方向邁左腳形成寸步，然後將右腳向前邁出（上步）形成虛步。

【動作5】將左腳往前進方向邁出，形成弓步。

【動作6】在前進方向形成直線寸步。寸步與下一個虛步需要在一個動作內完成。

【動作7】向著前進方向，伴隨束身動作，形成虛步。手法與丹田功一樣。

【動作8】左腳向前進方向邁出，形成弓步。

完成動作8後，重複動作4以後的動作。

轉身動作（此處略去照片），是指弓步後兩腳跟碾

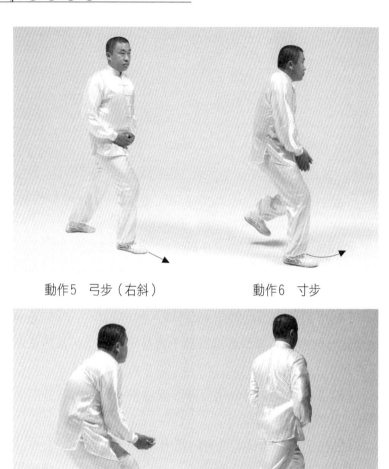

動作5　弓步（右斜）　　　　　　動作6　寸步

動作7　虛步（左）　　　　　　　動作8　弓步（左）

地，向後旋轉至身體面對後方，形成虛靈步。此後，按照
虛步→弓步→寸步→虛步……的動作反覆練習。

熊行步　正面

熊行步透過Z字形斜
前進，可以從對手的側
（從對手的內側到外
，或者從對手的外側到
側）進入對手的中心，
壞對方的重心，也可以
時對付多人。

弓步

從展身轉為寸步
時，胸口內含，丹田
翻滾。

寸步

收功時，在弓步後將後腳向前腳靠攏，運行丹田功。
氣沉丹田，調整呼吸，穩定氣息。

•寒雞步

寒雞步的名稱分類

寒雞步可以細分為三類，單腳站立後原地不斷變化支
撐腳的「站雞步」、可以前進的「踩雞步」和低於膝蓋快
速前進的「溜雞步」。

名稱的由來及意義

在寒冷的冬天，雞為了防止身體受冷，會單腳站立。
當一隻腳變冷時，轉換為另一隻腳站立。寒雞步與上述動
作類似，由此得名。

束身的同時，提膝到腹部，腳與膝合，才能穩定平
衡。透過提膝，單腳站立，可以提高下盤穩固的安定性。
寒雞步是腰腿勁的基礎，在戴氏心意拳的步法中是與虎步
齊名的基本功，需要高度重視並將其練好。

動作要領

動作輕靈，隨著動作的熟練，落腳時不發出任何聲
音，束身前進，形態上類似於貓捉老鼠。兩胯裹勁，兩腿
併攏後用剪子股邁步。

動作說明

動作1　六合勢　　　　動作2　提膝　　　　動作3　落步

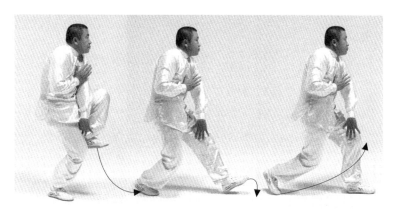

動作4　提膝　　　　　動作5　落步　　　　動作6　前進

【動作2】上半身保持蹲猴勢，提膝。

【動作3】上半身保持蹲猴勢，落步踩撲前進。

【動作4】上半身保持束身狀，落步。

【動作5、動作6】保持原狀，由向前移動重心而前進。

【動作7】動作7完成以後、不斷重複動作3～動作7並向前進。

動作7　提膝

【要領】蹲猴勢需要保持平衡狀態，無須發力。

提膝時，大腿提高到與地面保持水平的高度。（動作2、動作4）

落步前進時，運用丹田催動胯，胯催動膝，膝催動腳，拳譜有云「手從懷中出，腳從肚裏蹬」，這樣將丹田的勁力通過三催傳達到腳上。

隨著動作的熟練，落步時不能發出聲音。（動作5、動作6）

重心不能上浮或下降，保持穩定平衡的姿勢前進。

腳尖需要一直向著前方。（一字步）

【用法】提膝直奔對方襠部頂出。

落步，發出踩撲勁，將對方發出。

腳尖踢向對手的小腿，腳底踩踏對手。

轉身法

【動作1】寒雞步動作7完成後，放下右腳，腳尖向外（擺動），左手向左上方畫一弧線。

【動作2】左手向右肩畫弧線收回，同時右手沿胸口向下至襠部。左腳上步，腳尖著地。

【動作3】左腳腳尖著地後，後腳腳跟著地，使重心落在

動作1　　　　　　　動作2　　　　　　　動作3

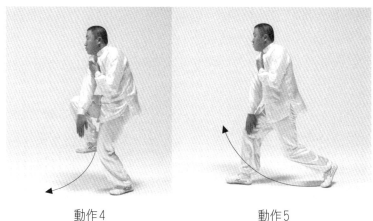

動作4　　　　　　　　　　動作5

後腳上，束身。同時，提右膝。

　　【動作4】完成轉身動作，右腳落步。

　　【動作5】繼續做寒雞步。

　　【要領】動作1～動作4需要連貫運行。

　　練習動作4時，要二目平視、氣沉丹田，身體保持穩定平衡。

　　動作要舒展、輕巧地運行。

轉換法——從左前轉換到右前

在練習寒雞步的過程中，可進行左右方向上的轉換。轉換可隨時進行。

動作1～動作5是左前向右前的轉換法，動作6～動作8是右前向左前的轉換法。

有兩種轉換方法，一種是原地轉換法，另一種是邊走邊轉換法。

另外，也可以左前向前走一段後再轉換為右前，在行走過程中進行多次轉換。

動作1　　　　　　　　　　動作2

右手順著胸部及腹部以下至襠部，左手畫弧線向上抬起，左腳落步。

動作3　　　　　　動作4　　　　　　動作5

轉換法——從右前轉換到左前

動作6　　　　　　動作7　　　　　　動作8

左手沿胸腹往下摩擦到襠部，手臂微曲，曲而未曲，展而未展，五指展開。

保護自己中心的同時攻擊對手的中心，打中有顧，顧中有打，即打顧結合。右手畫弧線向上抬起，落至左肩。右腳落步，左腳提膝。

練習時，需要注意重心不能上浮或者跳動。

用 法

左行左，右行右。因敵變化示神奇，根據對手的變化，進行寒雞步的轉換。

心意拳四句要訣

步步不離雞步，勢勢不離丹田。
招招不離鷹捉，把把不離虎撲。
拳無拳來意無意，無意之中是真意。

王映海口傳

在我們學拳的那個年代，需要先練習身法（蹲猴勢）三年、步法兩年後才開始練習技法。丹是濃縮的精華，田就是地，丹田就是產生精華（丹）的地方，也就是氣海，儲存氣的地方。現在如果和以前一樣，練習三年身法、兩年步法，一定也能練得很好。

解說 丹田功可以培養丹田，鍛鍊出由丹田向周身爆發的

勁力，步法也是透過丹田帶動產生巨大的勁力。

　　兩者均是戴氏心意拳中各種技法的基礎。由於動作都非常簡單，因此對於初學者來說，「需要練習身法3年、步法2年」像是古書裏的一句趣聞。另外，對於現代人來說，在初學的幾年裏，學習身法及步法的同時也在學習技法，但是對於各種武術來說，身法和步法都是基礎中的基礎。練拳者需要充分認識身法和步法的重要性之後再開始練拳。

「休息」的意義與方法

　　戴氏心意拳是一種內家拳，所有身體的動作都由意識引導。通過使用自身的意識、自然意識、朝向對手的意識等腦意識練拳。

　　大腦疲勞後會很難將注意力集中起來。只有透過休息，方可使大腦得以恢復，從而重新展現良好的狀態來練拳。

　　【休息】

　　①練拳時，感覺到疲憊就應該休息。

　　②不要受到次數、負荷量或者與他人關係的影響，透過提高自身感覺的敏銳度，適時地調整必要的練拳量。

　　【方法】

　　①練拳、收功、沉氣。

　　②緩慢地在周圍走動（即王映海所說練一會兒，流動流動。）

　　③選擇安靜地休息等方式來調整心情。

•寒雞步的勁力解析

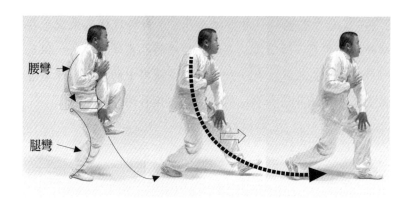

腰彎

腿彎

寒雞步中的束、鑽、抖、撅、剎
束，束身一也。鑽，伸也。抖，橫也。撅，順也，剎，阻也。

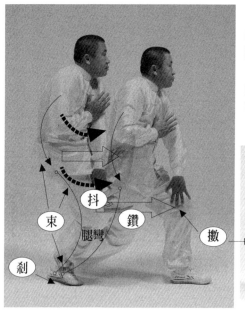

束

抖

鑽

剎

腿彎

撅

彎腿（腿部呈弓狀）時，透過束身使其彎曲蓄勁，再透過展身得以爆發（抖）。由剪子股使勁力向前集中（撅），從而向前發送勁力。

裏胯，腳與膝合，產生夾剪勁。

勁力的構造與虎步一樣，但是收束後的勁力巨大，對勁力培養具有很大的作用。

2 產生勁力的條件之二 「三節」

• 何為三節

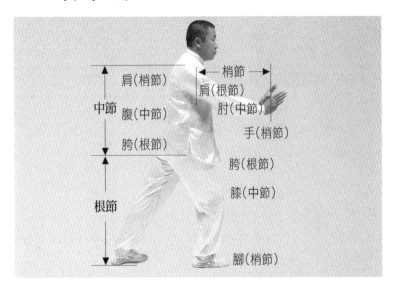

肩(梢節)
中節
腹(中節)
胯(根節)
根節

梢節
肩(根節)
肘(中節)
手(梢節)
胯(根節)
膝(中節)
腳(梢節)

岳武穆九要論之三

三節

夫氣本諸身，而身之節無定處。

三節者，上、中、下也。

按吾人之三節，手為梢節，肘為中節，肩為根節，此

梢節之三節也。

肩為梢節，腹為中節，胯為根節，此中節之三節也。

足為梢節，膝為中節，胯為根節，此根節之三節也。

解說 岳武穆九要論由一「氣」、二「陰陽」、三「三節」、四「四梢」、五「五行」、六「六合」、七「進法」、八「身法」、九「步法」構成，可以說其內容已經概括了戴氏心意拳的核心部分。這裏引用的是其中的「三節」部分。

夫氣本諸身，而身之節無定處，《管子》提到：「凡物之精，此則為生。下生五穀，上為列星。流於天地之間，謂之鬼神，藏於胸中，謂之聖人。」由此認為氣在凝縮之後方可成為物質。身體亦是由氣凝集而成，因此身體內也有氣在流淌，即使存在很多關節，氣也可以不中斷地流淌。

• 三節的妙用

此三節之妙用，不外起、隨、追而已。

根節催，中節隨，梢節追。

所謂追隨者何也？

蓋因吾人之力發於根，而始出於梢，

即由根節漸次催至梢節是也。

催即隨而不滯，追而直進之意。

故手之力，肩催肘，肘催手。

（丹田催胸，胸催膀，膀催肘，肘催手。）

足之力，胯催膝，膝催腳。

（丹田催胯，胯催膝，膝催腳。）

肩（膀）之力，胯催腹，腹催肩。

但力催至梢節，手腳之指非大炸其力，不易出至三節之中。

以胯之一節為最要，誠以胯為根中二節之根，故不可輕視。

俗云：「萬法胯為根。」

亦此意也。

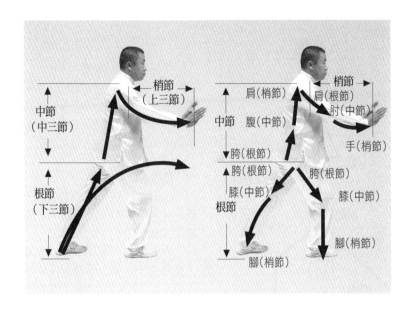

解說 人體根節（腳）的箭頭雖然用反箭頭表示，但是力的作用與反作用是相互的，因　此並不矛盾。由丹田向腳部所發送的勁力，可以透過反作用力從地面產生勁力，並向上發送至中節、梢節。

⊙「局部力」的例子

所謂「局部力」是指不利用步法或者身體的力量，僅僅使用手力打拳、投擲、使用關節技術等。

⊙「局部力」的缺點

① 因為僅僅是局部力量，所以無法產生巨大的力量。

② 因為僅僅是局部的動作，所以容易被對手察覺動作去向，容易被對手防範。

打拳圖

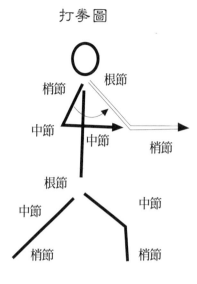

「局部力」的原因

①步法與身法停止運行，只使用手部打拳。

②雖然使用步法及身法，但是未能與手法協調一致，用法凌亂。

擺脫「局部力」

在日常生活中，通常的動作僅僅是利用手部來完成，未能與其他動作協調一致。

因此，從「局部力」昇華為「整體力」，從「拙力」昇華為「勁力」，需要認真地學習相應的方法。

•三節的作用

　　學技者於三節之理果能明曉，則長短曲直，參差俯仰之病可以去矣。

　　苟一節之不明，則非全乎。

　　蓋上三節不明，易中人之擒拿，中三節不明，

　　渾身是空，下三節不明，恐中人之盤跌。

　　故必先明乎此，然後六合之藝可學至上乘也。

　　內中所言上節，梢節是也，下節，根節是也。

　　人之全身，自頂自足，莫不有三節也。

　　要之，若無三節之所，即無著意之要。

　　蓋上節不明，無依無宗。

中節不明，渾身是空。

下節不明，動輒跌傾。

顧可忽乎哉。

故氣有所發，則梢節動，中節隨，根節催。

解說 身法（中節）不明，渾身是空。步法（根節）不明，白伸七十二盤擒拿腿。梢節不明，白伸七十二盤擒拿手。

只有三節分明，才能形成整體力。

•三節合一

然此乃按節分言者，若合而言之，則上至頭頂，

下至足底，四體百骸，總為一節。

夫向三節之有，又何各有三節之足與手。

三節既明，而內勁發動之脈絡即可知矣。

蓋指之力源於掌，掌之力源於掌根，故掌根催掌，掌催指而勁乃出。

手之力源於肘，肘之力源於肩，故肩催肘，肘催手，而勁乃行。

足之力源於膝，膝之力源於胯，故胯催膝，膝催足，而勁乃通。

然肩胯之勁源於身，身之勁源於丹田，故丹田為內勁之總淵源也。

至於丹田之有勁，與無，在氣之貫與不貫，果能氣貫丹田，則勁足。

其他各節之勁，均能催而出也。

至於催勁之法，即某節用勁，而心意之間即由丹田貫氣，循其脈絡至某節是也。

至氣之貫丹田也，亦是將呼吸之氣，心意間走到丹田。

3 身法和步法要義

• 戴氏心意拳要義解析

> 步法訣
>
> 看正卻是斜，看斜卻是正，
>
> 一直而妙也，技臻絕頂，
>
> 而足弓反漲，背項強直窮身而入，妙也。
>
> 步在直進時，或快或慢或隱或現，
>
> 或以心理支派。

解說 身體轉向正面稱之為「正」，而轉向斜面或橫面則稱之為「斜」。身體動作不論是正面轉還是斜面轉，都將化為一體向前進攻。另外，正中有斜，斜中有正。如步在斜行時，上半身還是保持正向，反之同理。「斜正」在複雜糾纏的同時又融為一體。

窮身，祁縣方言，彎曲身體的意思。

起前腳帶後腳平飛而去，步步行動剪子股，步步不離寸步，逆時急返進，絕不定招，瞬息萬變，不離不碰，人剛己柔，隨人轉動，後發先用。

寸內存人，拳法統人，以氣擊人，以藝引動，步夠尺寸，以意取人，注重實踐，上、中、下三路戰術急時撅，直熟至隨心應手足。

解說

當全身隨機應變時，須冷靜應對，表現為處處調整動作。

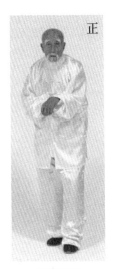
正

斜

面向正面　　　　　　身體旋轉，面向斜面

而十三處亂用之，不夠尺寸急寸，常守一個靜字，常練一個圓字，急搶圓球，即頂碰時急守站中央，注意陰陽吐納。

解說「十三處」指頭、兩肩、兩肘、兩手、兩胯、兩膝、兩足，即全身。

束、鑽、抖、擻、剎，反前顧後，反左顧右，踩、撲、裹、舒、絕，無絕之不絕也，

踩亦絕，撲亦絕，裹亦絕，舒亦絕，絕之絕，而無所不絕，有巧手，有妙手，而沒有絕手。

勇、猛、短、毒、疾、狠，左旋右轉，快勵、伶俐五行四梢齊俱。

腳起而翻，腳落而鑽，鑽而銼，銼而抓，抓而釘，釘而漲，足弓反漲，背項強直，窮身而入，妙也。

行如槐蟲，起如挑擔，步步行動剪子股，進步行似捲地風，一直而妙也。

頭頂而鑽，頭束而翻，手起而鑽，手落而翻，足起而鑽，足落而翻，腰起而鑽，腰落而翻。

起橫不見橫，落順不見順。

起是去也，落是打也，起亦打落亦打，起落二字如水中之翻浪是起落也。

無論如何起落、鑽翻都不脫離兩肘不離肋、兩手不離心、出洞入洞緊隨身。

此謂心意拳之要義是也。

• 束鑽抖撒剎的發勁力學

束——束身一也。
鑽——鑽即伸也。
抖——抖即橫也。
撒——撒即順也。
剎——即阻也。

束和鑽的關係

束和鑽是指陰陽對立、互根、交感、消長之意。束是指從外到內之力，鑽是指從內到外之力，有束才有鑽。

「束」和「鑽、抖、攦、剎」的關係

　　「束」是指束身積攢巨大力量，從四面八方蓄勁。「鑽」是展身發力的過程，「抖、攦」則是爆發力的終點，沾敵身的瞬間爆發力量。

束——束身

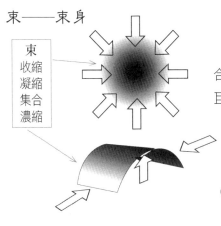

束
收縮
凝縮
集合
濃縮

　　束，指收縮、凝縮、集合、濃縮、壓縮，含有積蓄巨大力量之意。

　　如弓般壓縮，積蓄力量（張力）

抖——抖即橫也

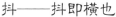

抖
擴散
膨脹
離散

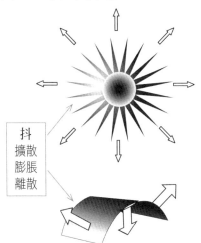

　　凝縮之力，如同決堤，大力爆發。

爆發力
凝縮之力展開之後可發生巨大威力，並向四周蔓延。

　　如弓般伸張，是指恢復原本形態的力量發生作用，並產生反彈。（反張力）

剎——剎即阻也

剎有阻止、固定之意，爆發力發出後的終結。

抖

剎

攦——攦即順也

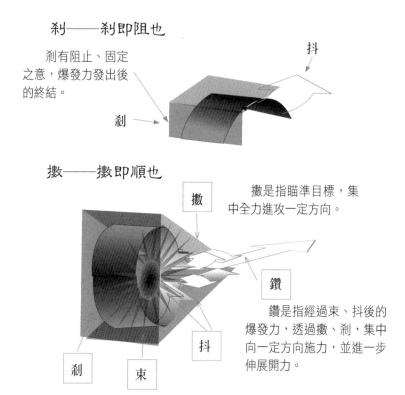

攦

攦是指瞄準目標，集中全力進攻一定方向。

鑽

鑽是指經過束、抖後的爆發力，透過攦、剎，集中向一定方向施力，並進一步伸展開力。

抖

剎　束

鑽——鑽即伸也

以拉弓射箭說明束鑽抖攦剎

止弓（固定）	【剎】
力蓄弓弦	【束】
開弓和拉回弓	【抖】
朝目標放箭	【攦】
集力彈出	【鑽】

解說 束是指透過束縛、固定積蓄勁力，就像張弓蓄力。

將已張開之弓恢復其原樣所需的力稱為抖。抖是指凝縮之力的爆發力，也指向四面八方作用之力。

剎是指阻止因向四面八方作用而產生爆發力的巨大力量，撒則是指將這種巨大力量集中到一定方向。發勁是指通過掌、拳、肘、肩、足、膝等各個部位來技擊，並發出集中於該部位的勁力。

發力源頭若無法固定在一定場所中，則導致勁向四周散去，其中的固定場所、支點則稱為剎。

撒是指向一定方向發出勁力，鑽則是指由集中抖之勁力進一步展開發力。

•束鑽抖撒剎的步法體現

踩 撲 裹 舒 絕

踩，踩者如踩毒物也。

撲，撲者如兔虎之撲物也。

裹，裹者如包裹而不露也。

舒，舒者舒展其力也。

絕，絕者絕裂心腸也。

踩亦絕、撲亦絕、裹亦絕、舒亦絕、絕之絕而無所不絕，有巧手，有妙手，而沒有絕手。

⊙勇、猛、短、毒、疾、狠

勇：勇敢、果敢。猛：勇猛、兇猛、猛烈。短：短的、簡潔。毒：惡毒。疾：快速。狠：冷酷。

⊙工、順、勇、疾、狠、真

工，巧妙。順，自然。勇，果斷。疾，緊快。狠，毫不留情。真，人因真而難以改變。

⊙「勇、猛、短、毒、疾、狠」「工、順、勇、疾、狠、真」和「束、鑽、抖、撒、剎」「踩、撲、裹、舒、絕」的關係

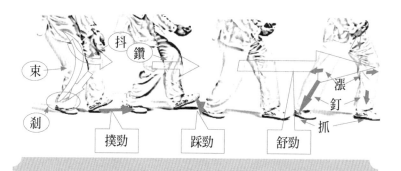

鑽而銼，銼而抓，抓而釘，釘而漲

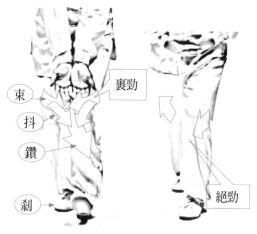

後腿如弓、前腿似箭

解說

「踩撲裹舒絕」中也有「束鑽抖撒剎」。

透過虛靈步後腿如弓「束」身蓄勁，後腳「釘勁」，前腳落地瞬間，產生「抖」「撒」力，身體定住即為「剎」。

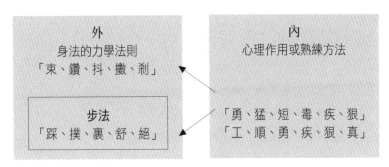

「踩、撲、裹、舒、絕」是身法帶動步法爆發勁力的要義。

「束、鑽、抖、撤、刹」是由身法體現的力學法則。

「勇、猛、短、毒、疾、狠」存在於「踩、撲、裹、舒、絕」「束、鑽、抖、撤、殺」之中，具有強化心理的作用。

「中心」「弓」「圓」
是產生勁力的代表

三心：頂心（百會）、手心（勞宮）、腳心（湧泉）
三彎：肘彎、腰彎、腿彎
三圓：胸圓、背圓、虎口圓

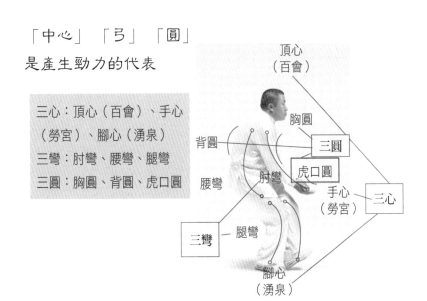

內外相見合一家

震龍兌虎各西東，朱雀元武南北分，
戊己二土中宮位，意為謀引相配成。
眼、耳、口、鼻、外五行，手足四梢並頂心，
久練內外一氣成，迅雷電雨起暴風，
拳無拳來意無意，無意之中是真意。

內外一致

久練內外一氣成，迅雷電雨起暴風，
拳無拳來意無意，無意之中是真意。

丹田久練靈根本，近在眼前一寸中。
養靈根而靜心者，是修道也，
養靈根而動心者，是武藝也；
固靈根而動心者，是敵將也。
動則為武藝，靜則為道也。

解說 所謂「靈根」，是指千變萬化之根本，即所養丹田。

步法和身法

足弓反漲，
背項強直，
窮身而入妙也。

解說 足呈弓形，不彈
反漲。勁力不僅運往前
足，也運到上半身，並
且步法和身法相融合。

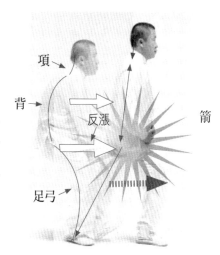

行如槐蟲

起如挑擔

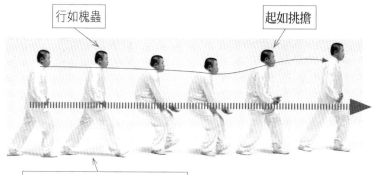

步步行動剪子股，進步行似捲地風

　　行如槐蟲，起如挑擔，步步行動剪子股，進步行似捲地風，一直
而妙也。

解說 直線的動作容易被對手察覺。拳譜要求「看正卻是斜，
看斜卻是正」，縱向的「起落」和橫向的「斜正」存在著精妙
的直線勁力，所以會形成很
難讓對手防禦的強大勁力。

起落
斜正

頭頂而鑽，頭束而翻。手起而鑽，手落而翻。
足起而鑽，足落而翻。腰起而鑽，腰落而翻。

解說 鑽是指「束、鑽、抖、撒、剎」中的鑽，從翻轉到
鑽的過程中，必須有「束、鑽、抖、撒、剎」「踩、撲、
裹、舒、絕」「勇、猛、短、毒、疾、狠」和「工、順、
勇、疾、狠、真」。

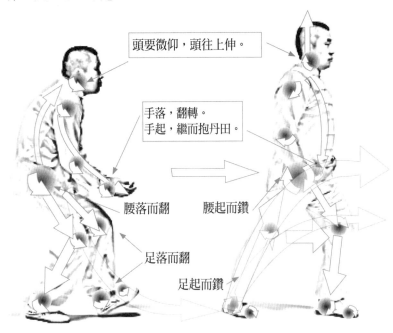

頭要微仰，頭往上伸。

手落，翻轉。
手起，繼而抱丹田。

腰落而翻　　腰起而鑽

足落而翻

足起而鑽

起橫不見橫，落順不見順。
起是去也，落是打也，起亦打落亦打，起落二字如水中之翻
浪是起落也。

解說 「起橫不見橫，落順不見順」，講的是無論是橫向還是縱向，其方向和力的強度都不會暴露給對方。

將隱蔽而看不見的力比作「起落二字如水中之翻浪是起落也」，可見並非指表面所見之波浪，而是指水中翻騰之波浪。

看不見的動作、看不見的力

> 起橫不見橫，落順不見順。
> 起落二字如水中之翻浪是起落也。

解說 「起落」，從狹義上講，起是向上的力，落是向下的力；從廣義上講，是指不顯示其方向性，起是指起力，落是指力的目的地、抵達點。而「起是去也，落是打也」，則是指後者之意。

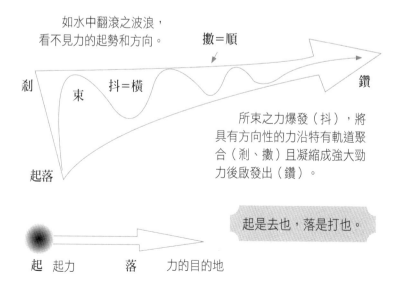

如水中翻滾之波浪，看不見力的起勢和方向。

撇＝順

剎　束　抖＝橫　　　　　　　　　　鑽

所束之力爆發（抖），將具有方向性的力沿特有軌道聚合（剎、撇）且凝縮成強大勁力後啟發出（鑽）。

起落

起是去也，落是打也。

起　起力　　落　　力的目的地

手居中心

兩肘不離肋

以十大形中
的猴形為例

無論如何，
起落、鑽翻都不脫離兩肘不離肋、
兩手不離心，
此謂心意拳之要義是也。

手法

1 手法的基礎

• 摘　要

　　手法源於身法和步法的修煉，首先要從單純且簡單的動作學起，熟練之後再進一步學習複雜且高難度的動作。無論學習何種手法，都離不開丹田功中的身法和步法。

　　丹田功的含義：丹是濃縮的精華，田就是「地」的意思，丹田功即通過這塊地滋養出精華內氣。狹義的丹田功就是蹲丹田（也叫蹲猴式，祁縣方言也叫蹲猴猴），廣義的丹田功是指戴家心意拳的任何手法和步法都是由身法驅動的。

　　身法（蹲丹田）能夠起到陰陽轉換的作用，縮（橫向）束（縱向）蓄勁，展（縱向）漲（橫向）發勁，練出丹田的爆發力。要領是身體形成一張大弓，含胸抱肩形成小弓，裏胯形成小弓，大弓是縱向的力量，小弓是橫向的力量。橫向與縱向一起形成了四面八方的力量。拳譜有云：「身法不明，渾身是空。」

　　步法（搬丹田）在身法的基礎上丹田催胯，胯催膝，膝催腳，把丹田的爆發力貫穿到腳上，驅動重心靈活變化。拳譜有云：「步法不明，白伸七十二盤擒拿腿。」

手法，是在身法和步法的基礎上，丹田催胸，胸催膀，膀催肘，肘催手，把丹田的爆發力貫穿到手上，形成手法的靈活變化。拳譜有云：「手法不明，白伸七十二盤擒拿手。」

所有練習的要領是「以意領氣，以氣催勁，勁達四梢」，呼吸要領開始是內呼吸（正常呼吸，發勁時必須鼻吸口呼），到了高級程度練出體呼吸（毛孔呼吸），高層的爆發力需要配合體呼吸才能練成。

•六合勢

六合勢是練習前的預備式，模仿佛教僧人誦唱「阿彌陀佛」時手的姿勢，用在心意拳上，為左善手（防守）、右惡手（攻擊）。

內三合：心與意合，
　　　　意與氣合，
　　　　氣與力合。
外三合：手與足合，
　　　　肘與膝合，
　　　　膀與胯合。
　　　　　　　　　六合

內外三合相結合稱之為六合。
所謂六合，是指周身協調統一。

王映海演示六合勢。兩掌垂於正中線前，左手為掌，右手握拳。

拳譜

自古六合無雙傳，多少玄妙在其間。

設若妄傳無義漢，招災惹禍損壽年。

武藝都道無真經，任意變化勢無窮。

豈知悟得嬰兒玩，打法天下是真形。

2 基本手法

•雙　把

雙把的種類和意義

雙把是兩手同時發出的手法，包括丟把、摟把、抽把、乳把、水中按漂等技法。其中，丟把、摟把和抽把分別體現上中下三種勁。

抽把鍛鍊起勁（衝向前上方之力），丟把鍛鍊平推勁（直衝正前方之力），摟把鍛鍊落勁（衝向前下方之力），以丟把為主，應敵變化使用抽把和摟把。

戴氏心意拳強調學習手法必須與身法、步法相協調。雙把沒有複雜的吞吐，相對簡單，所以初學時較易入門，是心意拳學習初期所教授的技法。

丟　把

丟把

⊙丟把動作解析

（1）六合勢　　　　　　　　　　　　　（動作1）

【動作1】六合勢，束身、呈左虛靈步，右手手腕置於心窩之前，左手手腕置於胯骨之前，全身自然放鬆。

動作1　六合勢　　　　　　動作2　引兩手於身體之前

（2）引兩手於腰側　　　　　　　　　　（動作2）

【動作2】上身微向右轉，右掌向下、左掌向上翻轉至兩掌掌心向上，相互重疊落在一起，左掌在上，右掌在下，右掌指尖和左掌指骨根齊平，彷彿抱著一塊石頭，準備平丟出去。

【要領】肘不離肋、手不離心、全身放鬆、沉肩垂肘、三尖（鼻尖、膝尖、足尖）對照、含胸拔背、收臀提肛、抱肩裹胯、二目平視。

（3）束身，準備出擊　　　　　（動作3、動作4）

【動作3～4】展身上步呈左弓步，同時兩掌向前方平行推出（平推勁）。

【要領】兩手腕與地面平行向前，腕略低於肘，下落呈弓形，兩手掌放鬆直立，如竹瓦般呈圓形，虎口張開，兩手大拇指交叉結合。

動作3　弓步展身雙推　　　動作4　寸步、束身、準備、出擊

沉肩垂肘、肘不離肋、氣沉丹田。

【內勁】起於丹田，下方後腳蹬，前腳催，重心前移，丹田催胯，胯催膝，膝催腳傳導勁力。上方丹田催胸，胸催膀，膀催肘，肘催手傳導勁力，一氣呵成，勁力貫穿周身。拳譜云：「以意領氣，以氣催勁，勁達四梢。」每個動作都應該做到以上要領，後面不再贅述。

（4）寸步到上步　　　　　　　（動作5、動作6）

【動作5】向左束身，左腳向外側張開，並寸步上步，同時邁右腳於左腳前呈右虛靈步。

【要領】①寸步，初學時不要邁步過大，可在原地外側處張開，動作連貫，碎步向前邁出。

②寸步同時束身（縮）呈虛靈步，要與拉回兩手動作完全一致，其手法、身法和步法相協調（六合）。

【動作6】展身上步呈右弓步，同時兩掌向前方平行推出

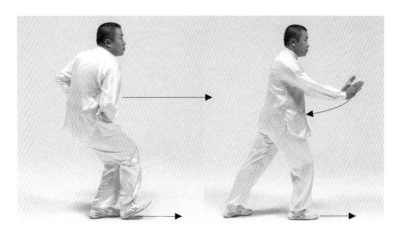

動作5　寸步　　　　　　　　動作6　上步

（平推勁）。

【要點】與第3步相同。

（5）用退步法、轉身法持續練習

【要領】①初學時，在練到每個定式時停下來，確認動作是否正確。動作熟練之後，便可練習快動作和發勁動作。

②慢動作如慢慢品味般一邊感悟一邊練習動作。練習時需思考姿勢和動作是否正確，重心位置是否妥當，身體的姿勢和動作是否與意識相互配合，全身（渾身）動作是否協調（六合），等等。（內功培養）

③發勁動作並非蠻打，而是全身自然放鬆，身心投入似不出力般進行練習。即使放鬆，外形也不能呈軟弱無力狀。最終要練成「柔而不弱，剛而不僵，剛柔相濟，虛實互用」。

④將身法與步法融合練習。身法、步法、手法同時開

始，同時完成，相互協調。

要訣 身似弩弓，手如藥箭。

解說 箭飛射而出的動力源自於弓。箭雖具有穿射一切的構造，卻不具備飛行的能力。身體具有像弓一樣的柔韌性，手具有靈巧攻擊的技能。

摟　把

⊙摟把動作解析

（1）六合勢姿勢　　　　　　　　　　（動作1）

【動作1】六合勢，束身呈左虛靈步，右手手腕置於心窩前，左手手腕置於胯襠之前。

【要領】攻擊前需持有如火山爆發前之寂靜般的意識。

（2）束身起手　　　　　　　　　　　（動作2）

【動作2】上身微向右轉，右掌向下、左掌向上翻轉至

動作1　六合勢　　　　　　　動作2　束身起手

兩掌掌心向上，相互重疊落在一起，左掌在上，右掌在下，右掌指尖和左掌指骨根齊平。

　　要領　肘不離肋，全身放鬆、沉肩垂肘、三尖對照（鼻尖、膝尖、足尖）。

（3）翻轉與攻擊　　　　　　　　（動作3、動作4）

【動作3-4】展身呈左弓步，同時兩掌向內旋轉上前，直至虎口與口同高（起勁，含擠勁）（動作3），然後向外旋轉，同時下落至肚臍平行處（落勁，倒而未倒時），如向下前方畫弧線般出擊。

　　拳譜曰：「身落手起束中進，身起手落展中擊。」「起也打，落也打，起落二字如水中之翻浪。」

【要領】兩手持續畫弧，所出手腕稍低於肘，手腕呈弓形。手掌放鬆直立，如竹瓦般呈圓形。虎口張開，兩指大拇指根部交叉結合。

動作3　手向下翻轉　　　　　　　動作4　攻擊

沉肩垂肘、氣沉丹田。

肘不離肋，全身放鬆、沉肩垂肘、三尖對照（鼻尖、膝尖、足尖）。

【用法】例一　面對對手的攻擊，手腕上掛而下落。（掛、化）

例二　將對手的攻擊向下擋開，同時趁對手為保持平衡而抬高重心之機，將自身動作轉為攻擊之勢。（吞吐）

（4）寸步=>上步（虛靈步）

【動作】向左束身，左腳向外側張開，並寸步上步，同時邁右腳於左腳前呈右虛靈步。左右手手腕抽力內旋，如劃下弧線般引至胯骨位置。

【用法】例一　寸步抓住時機，上步踢向對手小腿。

例二　寸步、上步前進，由束身手法摧毀對手的攻擊。

例三　將對手攻擊向下擋開，同時隨著對手為保持平衡而抬高重心的動作，將自身動作轉為攻擊之勢。（吞吐）

（5）攻擊

【動作】同（3）。

沉肩垂肘（夾肘）、氣沉丹田。

以上為摟把左式。以下動作5～動作8為摟把右式，動作4拳照所示既為摟把左式的終結式，又為摟把右式的起勢。

摟把練習要領同丟把。

要訣 兩肘不離肋，兩手不離心，出洞入洞緊隨身，腳踏中門搶

動作5　虎步展身落手，翻手下落攻擊　　　動作6　寸步，寸步撤手

動作7　虛靈步束身起手　　　動作8　虎步展身落手，落手出擊

地位，就是神仙也難防。

【用法】不停地躲閃開對手攻擊，並轉為連續攻擊。

⊙摟把正面圖

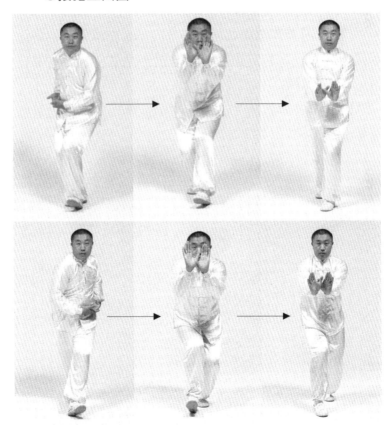

抽 把

⊙抽把分解動作

（1）六合勢姿勢 　　　　　　　　　　　（動作1）

【動作1】六合勢，束身呈左虛靈步，右手手腕置於心窩前，左手手腕置於胯襠之前。

【要領】攻擊前需持有如火山爆發前般寂靜的意識。

（2）兩手引至腰側 　　　　　　　　　　（動作2）

【動作2】上身微向右轉，右掌向下、左掌向上翻轉至兩掌掌心向上，相互重疊落在一起，左掌在上，右掌在下，右掌指尖和左掌指骨根齊平。

【要領】肘不離肋，全身放鬆、沉肩垂肘、三尖對照（鼻尖、膝尖、足尖）。

動作1　　　　　　動作2　　　　　　　動作3

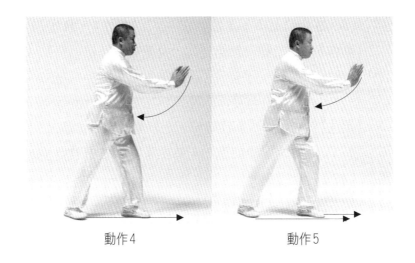

動作4 　　　　　　　　　　　動作5

（3）攻擊　　　　　　　　　　　（動作3～動作5）

【動作3～5】展身呈左弓步，同時兩掌向外旋轉，向前方與地面平行位置推出，向前上方畫弧出擊。（起）

【要領】①兩手畫弧線的動作，自然連貫，持續不停。所出手腕略低於肘，下落呈弓形。手掌放鬆直立，如竹瓦般呈圓形，虎口張開，兩手大拇指根部交叉結合。

②沉肩垂肘、肘不離肋、氣沉丹田。

③抽把的要領是在丟把的基礎上加上起勁。

【用法】例一　用雙手打向對手胸腹部位置。手法配合身法動作，步法要前腳踩到對手的後腳處，拳譜云：「腳踏中門搶地位，就是神仙也難防。」

例二　配合對手提高重心恢復動作，進一步用動搖對手重心之手法引導、出擊（起、吞吐）。

例三　雙手出擊，同時前腿弓步攻擊對手小腿（暗腿）。

（4）寸步=>上步（虛靈步）　　　（動作6、動作7）

【動作6～7】左腳向外側張開，身體緩慢（縮）移動寸步，然後邁右腳於左腳之前（上步）呈右虛靈步。左右手手腕抽力內旋，並引至腰骨位置。

【用法】例一　寸步抓住時機，上步踢向對手小腿。

例二　寸步、上步前進，同時由束身手法摧毀對手的平衡，並使之無力化開。

例三　將對手的攻擊向左擋開，同時趁對手為保持平衡而抬高重心之機，將自身動作轉為攻擊之勢（吞吐）。

（5）攻擊　　　　　　　　　　　　　　（動作8）

【動作8】展身呈右虎步，同時兩掌向前方與地面平行位置推出，使之向外旋轉，並向斜上方畫半圓弧形出擊（起）。

【要領】①兩手畫弧線的動作，呈直線軌道自然連貫，

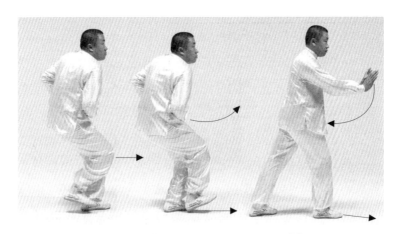

動作6　　　　　動作7　　　　　　　動作8

連續不停。所出手腕略低於肘，下落呈弓形。手掌放鬆直立，如竹瓦般呈圓形，虎口張開，並將大拇指根部在左前、右後處重合。

②沉肩垂肘（挾肘）、氣沉丹田。

③丹田之氣經肩、肘、手腕抵達指尖。

【用法】例一　雙手打向對手腹部、肋部的斜上方位置。手法配合身法、步法。跨入中門有向前進入胯間和從斜外側進入兩種方法。

例二　配合對手提高重心恢復動作，進一步用動搖對手重心之手法引導、出擊（起、吞吐）。

例三　雙手出擊，同時使用虎步攻擊對手小腿(暗腿)。

動作 8 為抽把右式終結式，自動作 9 至動作 11 轉換為抽把左式。

抽把是在丟把遇到阻力時，變化為起勁催倒對方。但丟把所經過的軌道，並非刻意直接向上方畫圓弧，而是根

動作 9　　　　　動作 10　　　　　動作 11

據對手變化加上起勁從而自然改變方向。

要訣 平丟、上起、下落、背合擠勁。

・撥浪鼓手

撥浪鼓手

撥浪鼓手，祁縣方言發音為「不來顧手」。

⊙撥浪鼓手分解動作

（1）六合勢姿勢　　　　　　　　　（動作1）

【動作】六合勢，束身呈左虛靈步，右手手腕置於心窩前，左手手腕置於胯襠之前。

【要領】攻擊前需精神內守，如火山爆發前般寂靜。

（2）兩手引至身體前（右虛步）　（動作2、動作3）

【動作】繼六合勢之後，左虛靈步前進，右腳上步呈右虛步，同時左掌變拳，向前方畫弧，並使之向外旋轉拳面

動作1　六合勢　　　　動作2　左寸步、　　　　動作3　右上步，
　　　　　　　　　左拳稍向外側旋轉，　　呈虛靈步，左右兩拳
　　　　　　　　　螺旋式前伸。　　　　一前伸一後拉，對拉
　　　　　　　　　　　　　　　　　　吞吐相摩而動，形成
　　　　　　　　　　　　　　　　　　陰陽之勢。

向上，擺出面向腹部左前位置稍微偏上的姿勢。右手變拳
向外旋轉拳面向上，置於肚臍右側。

【要點】身體轉向正面（正體）束身，右肘不離肋，右
肘配合左膝（外三合）。

全身放鬆、沉肩垂肘、三尖對照(鼻尖、膝尖、足尖)。

（3）攻擊　　　　　　　　　　　　　　　　（動作4）

【動作】展身呈右弓步，斜身調膀，兩拳對拉，右拳向
內側旋轉與地面平行，向前方出擊，左拳向內側旋轉，引
回至肚臍左側位置。

【要點】兩手對拉時，練法要求兩手腕左右平行相錯，
一出一收，手腕稍低於肘，並呈弓形，其所出拳面傾斜，

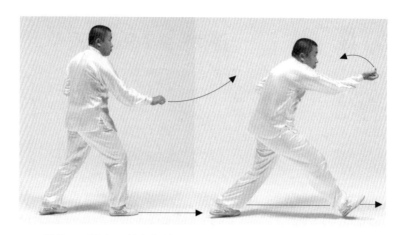

動作4 展身、斜身調膀，右拳向內旋轉，攻擊前方。

動作5 束身（縮）、右寸步，右拳向外側旋轉向內裹勁。

食指根節處正好攻擊到對方。

沉肩垂肘、氣沉丹田、全身放鬆。

【意念】丹田催胸，胸催膀，膀催肘，肘催手。

（4）寸步=>上步（虛靈步）　　（動作5、動作6）

【動作】右腳尖向外側張開，束身，寸步，然後邁左腳於右腳之前（上步）呈左虛靈步。左右手手腕同時外旋，右拳稍向下方傾斜畫弧線拉回，並將肘拉回至肚臍前約一拳距離處。左拳原地外旋，拳心朝斜上方。

【要點】身法、步法、手法協調一致，可表現出「牽一髮而動全身」的原理。

（5）出擊　　　　　　　　　　（動作7）

【動作】同（3）。

動作6 束身、右拳向外側旋轉並引至右肘尖對著心口窩稍下方（心意拳稱防點穴）

動作7 展身同時左拳向內側旋轉，攻擊前方

重複動作2～動作7所示的動作。

（6）退步法　　　　　　　　（動作8～動作10）

【動作】將弓步前腳上抬，腳尖下垂，腳心經過後腿膝

動作8　　　　　動作9　　　　　動作10

蓋內側向後移動，腳尖先著地。同時兩手外旋，左拳畫弧線引回內側，右拳原地外旋，拳心向上。

【要領】抬腳，翻轉丹田，腰部放鬆，膝蓋上提，從腳後跟開始上提，腳尖呈垂直狀，此乃表示三節。落步翻轉丹田，回到動作2。

⊙撥浪鼓手用法

拳譜云，「手有撥轉之能（手腳法）」，兩手旋轉類似撥浪鼓的旋轉勁，可化解來自對手的攻擊，並將其轉為有利於自身的形勢。手作為身體梢節，需與步法、身法相協調，宜巧不宜拙。手法中包含掛、壓、裹、領、化的不同勁法。

【用法】例一　①用左拳擋開對手的右拳攻擊，並用右拳攻擊對手心口窩（防點穴）（圖1～圖3）。

②面對對手右拳的攻擊，將對手手腕稍微上提，並向

圖1　　　　　　　　　　　圖2

圖3

內側旋轉在左後方處擋開
（吞），在對手保持平衡
時轉為攻擊（吐）。（圖
4～圖6）

圖4

圖5

圖6

「吞吐」中的吞和吐不間斷，連續進行。

③出拳攻擊，同時呈弓步，攻擊對手小腿（暗腿）。

④出右拳擋開來自對手右拳的攻擊，閃展步到對方右側，攻擊對手肋部，同時弓步右大腿可攻擊對手右大腿外側，將對手重心破壞（拔根）。

例二　①寸步前進抓住時機，上步踢向對手小腿。

②當對手出左拳攻擊時，寸步、上步前進，同時束身用右拳稍微上提對手左手手腕，用捲入的（吞）左拳攻擊對手心窩。

③將對手的攻擊向左擋開，同時趁對手為保持平衡而抬高重心之機，將自身動作轉為攻擊之勢（吞吐）。

五行拳

1 陰陽五行和五行拳

• 陰陽五行說

融 合

陰陽說是指，所有的事物、現象，並不是單獨存在的，而是以「陰」和「陽」的相反的形式存在的（例如，明暗、天地、男女、善惡、吉凶等），其相互之間不斷地此消彼長。五行說是指木、火、土、金、水這五種事物的本質要素相互關聯。

春秋戰國時期（西元前770年—西元前221年）陰陽說和五行說相互融合，形成了陰陽五行說，即五行說中有各種陰陽，陰陽消長的同時相互關聯。

陰 陽

⊙陰陽的解釋

陰陽哲學中所研究的是天地變化的道理、萬物的運行法則、生命變化的規律、生命內部的生克制化、生命力之源。這五點是對《黃帝內經》中所描述的陰陽五行理論的概括。

（1）陰陽理論用於描述天地的生成和變化

古人認為，宇宙混沌之後，清陽上浮為天，濁陰下沉為地。在《黃帝內經・素問・陰陽應象大論》中記載道：「清陽為天，濁陰為地。地氣上為雲，天氣下為雨；雨出地氣，雲出天氣。」

（2）陰陽理論說明了萬物運行的法則

人體中「清陽出上竅，濁陰出下竅；清陽發腠理，濁陰走五臟；清陽實四肢，濁陰歸六腑」，這一過程和天地的形成過程共同構成了天地間的物質循環。

（3）陰陽解釋了生命變化的規則

古人用生長收藏來說明生命變化的形式和過程，推進、實現這一過程的力量源泉正是陰陽。「清陽上天，濁陰歸地，是故天地之動靜，神明為之綱紀，故能以生長收藏，終而復始。」

陰陽說明了「生長收藏」這一生命變化形式。推進生命的「生、長、化、收、藏」的過程，終而復始，運動不息，這也正是五行理論的內容之一。由此，我們可以知道，五行理論解釋並實現了陰陽理論。

（4）陰陽理論說明了生命內部的生剋制化

這一關係由五行理論來說明。具體來概括為以下三句話：「五行即陰陽之質，陰陽即五行之氣，氣非質不立，質非氣不行。行也者，所以行陰陽之氣也。」「造化之機

陰陽五行說，道法自然。

陽
天之氣輕清。
火性熱而炎上。

陰　陰

天之氣輕清。
火性熱而炎上。

火
上升

木
向四面八方
伸展

土
安定、生
出萬物

水
向下運動、
自由、柔軟

金
收縮、穩固

不可無生，亦不可無制。無生而發育無由，無制則亢而為害。生剋循環，運行不息。」「蓋五形之中，有生有化，有制有克。」

（5）陰陽理論論述生命之源

在古代，道家和醫者用「神明」這個詞說明了生命的生滅現象和能力。「其生物也，莫見其所養而物長；其殺物也，莫見其所喪而物亡。此之謂神明。」

陰陽正是這般生滅現象的原因，並可以此來理解生命現象。

上面所論述的五個觀點，表現了古人對天地、生命的基

本見解。《黃帝內經》中總結為:「陰陽者,天地之道也,萬物之綱紀,變化之父母,生殺之本始,神明之府也。」

五 行

⊙五行和四季

五行是指氣的五種運動方式。

春天屬木,代表氣向四周擴散的運動方式。春天,花草樹木生長茂盛,樹木的枝條向四周伸展,養料往枝頭輸送,所以春屬木。

夏天屬火,代表氣向上的運動方式。火的特點就是向上,夏天各種植物向上生長,長勢迅猛,所以夏屬火。

秋天屬金,代表氣向內收縮的運動方式。金的特點是穩固,秋天收穫,人們儲蓄糧食為過冬做準備,樹葉凋落,所以秋屬金。

冬天屬水,代表氣向下的運動方式。水往低處流,冬天萬物休眠,為春天蓄積養料,所以冬屬水。

因有四季而有四行,但夏天和秋天之間要有過渡,因此便有了土,土代表氣的平穩運動。

⊙五行的性質

木 像樹木生長枝葉一般,具有向四面八方伸展的性質。

火 像火向上竄一般,具有迅速上升的性質。

土 像廣闊大地一樣具有安定感，繁衍萬物，具有平穩、保守的性質。

金 像土中結晶的金屬一樣，收縮、凝聚、結晶後，具有冷徹、堅固、可靠、清潔的性質。

水 像流水一樣，具有向下、自由、柔軟的性質。

⊙五行的解釋

五行學說認為，宇宙萬物都由木、火、土、金、水五種基本性質的物質的運行（運動）和變化所構成。它強調整體概念，描繪了事物的結構關係和運動形式。如果說陰陽是一種古代的對立統一學說，那麼五行可以說是一種普通系統論。五行是用五種文字符號表示了物質的能量和形態間的相互關係和運動變化的規則。

五行的屬性

五行	木	火	土	金	水
季節	春	夏	暑伏	秋	冬
自然的五氣	風	暑	濕	燥	寒
五方	東	南	中	西	北
五臟（內五行）	肝	心	脾	肺	腎
外五行	目	舌	口	鼻	耳
五臟之精氣	魂	神	意	魄	志
五腑	膽	小腸(三焦)	胃	大腸	膀胱

續

五行	木	火	土	金	水
五體	筋、爪	血脈	肌肉、唇	皮毛	骨髓、頭髮
七情	怒	喜（笑）	思考	悲、憂	恐、驚
五津	淚	汗	涎	涕	唾
五感	視覺	觸覺	味覺	嗅覺	聽覺
五味	酸	苦	甘	辛	鹹
陰陽的屬性	陰中之陽	陽中之陽		陽中之陰	陰中之陰

五行相生

五行相生是指萬物生成並相互關聯，不斷循環，描述了事物的變化規律。

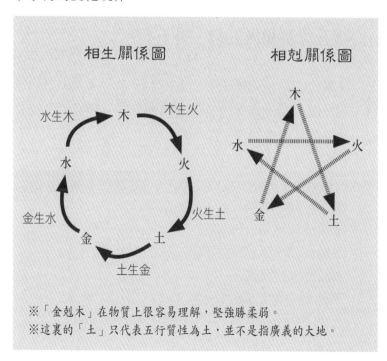

※「金剋木」在物質上很容易理解，堅強勝柔弱。
※這裏的「土」只代表五行質性為土，並不是指廣義的大地。

五行相生和五行相剋的關係

相生是指相互資生、促進、助長的關係；相剋是指事物之間相互克制、制約、抑制的關係。

《道德經》曰：「天下之至柔，馳騁天下之至堅。無有入無間……」我們可以由此從陰陽五行中理解萬事萬物的規律。

《道德經》曰：「不出戶，知天下；不窺牖，見天道。其出彌遠，其知彌少。」（不出門，只要能把握規律和法則，就能理解天下萬物。如果不能理解規律法則，即便遊走四面八方，知道的也甚少。）

●五行拳和內五行、外五行

在戴氏心意拳的技法中，金、木、水、火、土指的是劈、崩、躓、炮、橫。內五行是指肺、肝、腎、心、脾五臟，外五行是指鼻、目、耳、舌、口（人中）五官。

> 肝屬木，肝氣條達。
> 心屬火，心氣盛。
> 脾屬土，脾氣運化。
> 肺屬金，肺氣通調。
> 腎屬水，腎氣下達潤體。

內五行的功能

內五行，並不僅僅表示臟器，也表示了臟器的功能和作用。

【肝】掌管著身體的新陳代謝，使得肝臟的代謝和排毒，膽囊的功能、自主神經系統、運動神經系統、精神活動平穩以及全身機能協調進行。肝的狀態，可以在手指、肌肉和眼睛中表現出來。

【心】透過血液循環系統的功能，調節意識和精神活動。心和小腸是互為表裏的關係。心臟的狀態，在舌頭和脈搏中表現出來，和汗腺的代謝也有關係。

【脾】掌管著腸胃等消化系統和消化吸收的代謝系統，也包括淋巴系統的功能、胰腺的消化功能。

【肺】掌管著呼吸系統和皮膚。肺和大腸是互為表裏的關係。肺的狀態在鼻子上表現出來。肺不舒服時很容易感冒。

【腎】具有與生命的生長、衰老密切相關的生命維持功能。以腎上腺為代表控制著激素分泌、泌尿系統、生殖系統、神經系統、水分代謝。骨、耳、腦（記憶等）可以表現腎的狀態。

從內五行到外五行

⊙內外五行相通

肝屬木，與目通。

心屬火，與舌通。

脾屬土，與口通。

肺屬金，與鼻通。

腎屬水，與耳通。

內外五行　相剋相生

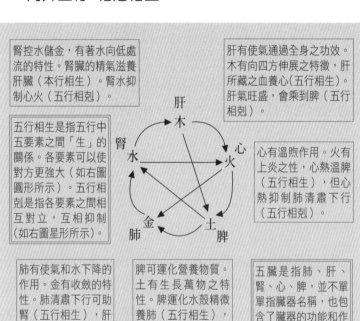

腎控水儲金，有著水向低處流的特性。腎臟的精氣滋養肝臟（本行相生）。腎水抑制心火（五行相剋）。

五行相生是指五行中五要素之間「生」的關係。各要素可以使對方更強大（如右圖圓形所示）。五行相剋是指各要素之間相互對立，互相抑制（如右圖星形所示）。

肝有使氣通過全身之功效。木有向四方伸展之特徵，肝所藏之血養心（五行相生）。肝氣旺盛，會乘到脾（五行相剋）。

心有溫煦作用。火有上炎之性，心熱溫脾（五行相生），但心熱抑制肺清肅下行（五行相剋）。

肺有使氣和水下降的作用。金有收斂之特性。肺清肅下行可助腎（五行相生），肝旺則抑肝氣（五行相剋）。

脾可運化營養物質。土有生長萬物之特性。脾運化水殼精微養肺（五行相生），又制約腎水（五行相剋）。

五臟是指肺、肝、腎、心、脾，並不單單指臟器名稱，也包含了臟器的功能和作用。

內外五行和五行拳

外五行的各種狀態是內五行的外在表現。五行拳可以由五行相生的「虛則補其母，實則瀉其子」（《難經》）來保持內外五行的平衡。

肝在外五行上的表現

肝屬木，管藏血，運行氣血至全身，並由眼睛表現。內五行的精氣，從眼睛可以看出。肝神是「魂」，是無意識的、本能活動的生命力，表現為感情、氣質和感受。

肝的異常

目光無神，渾濁時，表示肝腎疲憊。
顏色渾濁昏黃時，表示肝膽有問題。
長期面色不佳時需警惕肝病。
肝陰不足，眼睛乾澀。
肝血不足時，眼睛看不了暗處。
肝經風熱時眼睛充血。
肝氣旺盛（肝氣上竄）時，會暈眩。
若有肝風，則會斜視。

肝的異常和五行拳的練拳效果

肝異常時，可練習崩拳。崩拳屬木，可調整肝的功能。（五行屬性）
肝病為實證時，可練習炮拳。炮拳屬火，火有瀉木功

效。（瀉法）

虛證時，可練習躦拳。躦拳屬水，水是木之母，可助木生長。（補法）

解釋 異常，是指陰陽失調，由未病和病表現出來。

實證是指對人體有害的物質，反應強烈。虛證是指人體必要的物質和功能不足。「瀉」是指將不需要的和有害的物質從體內排出。「補」是指給身體補充不足的物質。

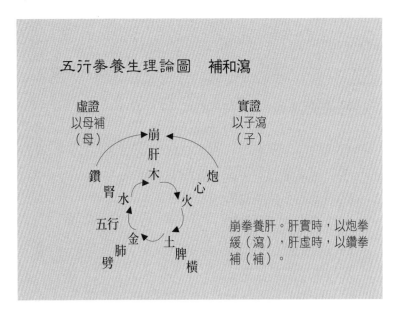

心在外五行上的表現

心屬火，管血脈。可由臉色和舌頭來觀察。心是身體血液循環之根本，能夠促進全身協調。心之神是「神」，是思考、判斷等的精神活動，表現了心的狀態、情緒、智力和身體狀況。

心的異常

心氣旺盛時，臉色紅潤。

心氣不足時，脈象微弱，臉色蒼白。

心血不足時，舌苔淡白。

心火旺盛時，舌苔變紅，甚者會有腫大。

心熱時，口齒不清。

心的異常和五行拳的練拳效果

心異常時，可練習炮拳。炮拳屬火，可調整心的功能。（五行屬性）

實證時，可練習橫拳。橫拳屬土，土有瀉火之功效。（瀉法）

虛證時，可練習崩拳。崩拳屬木，木是火之母，可助火。

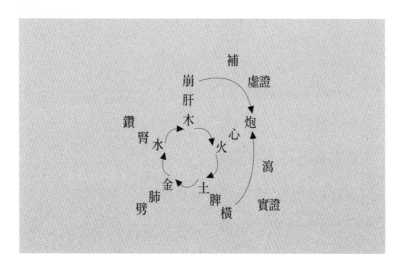

脾在外五行上的表現

脾屬土，掌管統血，使水穀精微運行於全身。脾引五行道於口，脾之神為「意」，表現為意識、慾望、意志、欲求、品格。

脾的異常

脾胃虛弱，則水穀不能正常運達，唇色淺淡，血色不良。

口中無味，食慾不佳，全身虛弱，四肢無力。

血是氣之母，氣是血之帥。脾胃若良好運行，氣血充足則嘴唇紅潤有光澤。

濕阻中焦，則嘴唇變青紫。

脾的異常和五行拳的練拳效果

脾異常時，可練習橫拳。橫拳屬土，可調整脾的功能。（五行的屬性）

實證時，可練習劈拳。劈拳屬金，金可瀉土。（瀉法）

虛證時，可練習炮拳。炮拳屬火，火是土之母，可助土長。（補法）

肺在外五行上的表現

肺屬金，生氣，可通達皮膚和體毛，外五行通於鼻。肺之神為「魄」，通常表現為本能的活動和日常無意識的動作、注意力、氣魄和情緒。肺正常工作，則呼吸順暢氣血通

達。氣血通達至全身各部和皮膚、毛髮，嗅覺也更為敏銳。

肺部異常

風寒若侵入身體內部，則鼻子阻塞，食之無味，全身發冷，肺部乾燥，肺熱則鼻乾，全身皮膚、毛髮粗糙乾燥。

肺部異常和五行拳的練拳效果

肺部異常時，可練習劈拳。劈拳屬金，可改善肺部狀態。（五行屬性）

實證時，可練習炮拳。炮拳屬火，火可瀉金。（瀉法）

虛證時，可練習橫拳。橫拳屬土，土是金之母，可助金長。（補法）

腎在外五行上的表現

腎屬水，掌管藏精，外五行通於兩陰，開竅於耳。精是生命之源，命門雲氣與腎通，命門是真火，即先天真氣。腎精充足則腎氣旺，精力充沛，耳朵可聽到所有聲音。腎精不足則腎氣不足，精神衰弱，耳鳴，聽力下降。腎和生殖功能、骨頭發育、牙齒、頭髮關係密切。

腎之神為「志」，表現了有目的地思考、行動、理性和先天的生命力、氣質。

腎的異常

腎衰時，會導致骨質疏鬆，骨骼發育不良。

腰、腿虛弱。

尿頻、夜尿、失禁等排泄異常。

耳背、耳鳴、眩暈、白內障、健忘、智力衰退、白髮、脫髮等身體上半部的異常。

腎的異常和五行拳的練拳效果

腎異常時，可練習躦拳。躦拳屬水，可調整腎的功能。（五行的屬性）

腎虛時，可練習劈拳。劈拳屬金，是水之母，可養腎精。（補法）

五行和五行拳

劈拳似斧，屬金，非斧也，有捧撐掇碟之勢。

躦拳似閃電，屬水，非水，呈推倒山狀。

崩拳似箭，屬木，非箭，呈破浪船頭狀。

炮拳似爆竹，屬火，非炮竹，呈浪拍岸狀。

橫拳似彈丸，屬土，非彈丸，呈車輪狀。

五行相剋

劈拳似斧屬金，崩拳似箭屬木，金剋木，故劈拳能破崩拳。

橫拳似彈丸屬土，木剋土，故崩拳能破橫拳。

躦拳似閃電屬水，土剋水，故橫拳能克躦拳。

炮拳似炮屬火，水剋火，故躦拳能剋炮拳。火剋金，故炮拳能破劈拳。

五行相生和五行相剋

　　心動如火焰，四梢逞威風，肝動如箭鑽，脾動主力功，腎動似閃電，肺動陣雷聲，五行合一處，放膽即成功。明四梢永不懼，閉位五行永無凶。

　　心動如火焰，脾動能加功，肝動似飛劍，肺功成雷聲，腎動快如風。五行合一處，放膽即成功，此五行在身體內。目通肝，鼻通肺，耳通腎，口通鼻，舌通心，此五行在體外。

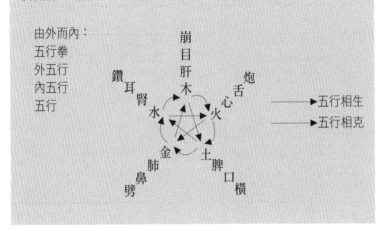

由外而內：
五行拳
外五行
內五行
五行

崩　目　肝
鑽　耳　腎
炮　舌　心
　　木
　　水　火
　　金　土
肺　脾　口
鼻　横
劈

──→五行相生
──→五行相克

內外五形相通

　　目通肝，鼻通肺，舌通心，耳通腎，人中通脾。

　　五行似虎，本是五道關，無人把守自遮攔。

　　東方左耳為甲乙之木，西方右耳為庚辛之金，北方目為壬癸之水，南方口為丙丁之火，中央鼻為戊己之土。萬物由土而生，耳聽、眼看、鼻嗅、伸舌而知味。

　　五行之本性，木性仁，金性義，火性禮，水性智，土

性信。此為天地造化之真性，萬物一致之定理。木行在東方，金行在西方，火行在南方，水行在北方，土居中央而呈五行之位。五行發散，行不止步，循環反覆，週而復始。

心和外五行相應，內五行動則外五行隨

心合眼則更明，心合耳則更靈，心合鼻則更有力，心合舌則五行相生精更增，一事通則通百事，若得精則五行明。

動　法

心動似火焰，心一動渾身俱動，內外要齊一，肝動似飛箭，肺動成雷聲，脾動即加功，腎動快如風，五行合一處，放膽即成功。

又膽與怒合，有膽方有決心，有怒方有殺心，有殺心有決心方可成功。故一動間喊動枝葉，一枝動百枝搖矣，學藝者身動不及心動，先到一心後到一身。

能教一思進，莫教一思存。說話辦事三思必無錯，武藝三思必有凶，可不慎乎。又心動身，不動枉然，身動心不動亦枉然，但心動身未有不動者，故武藝只在一怒間，怒者心動之謂也。怒從心上起，噁心向膽邊生，則膽怒合而動矣。

2 五行拳

• 劈 拳

動作說明

（1）六合勢　　　（動作1）

【動作1】束身，呈左虛靈步，右拳至臍右，左掌護中心線稍斜，手指朝前。

【要領】①肘不離肋、沉肩垂肘、三尖（鼻尖、後腿膝尖、後腿足尖）對照、含胸拔背、抱肩裹胯、二目平視、全身放鬆、意守丹田。

②氣沉丹田，靜而不動，即「靜中有動」的姿勢。

動作1　六合勢

（2）兩手上捧　　　（動作2）

【動作2】斜身調膀，左手向內捲（懷中取物），左掌外緣至肚臍上側掌心向上，同時右拳變掌，掌心向

動作2
左虛靈步束身起手

上。左掌向上沿胸口畫弧線至左掌虎口與嘴齊平，左肘尖距離防點穴（心窩）約一拳距離（所謂「肘拐常平心」，成捧撐掇碟之勢）。右掌和左掌的動作呼應，向上畫弧線護住左手手腕，右手指尖與左手腕相接。

【要點】左手內捲的用意是把對方來手撐開。

（3）弓步劈拳 （動作3）

【動作3】兩手從前方往下方畫弧線，落至齊腰，同時左手變拳，右手四指輕搭在左拳腕脈門處。

【要領】①左拳略低於肘，食指根節和鼻尖成一條線。

②下頜微收、沉肩垂肘、氣沉丹田、虛靈頂勁，上下相隨、完整一致。

內勁 發勁要領是丹田催胯，胯催膝，膝催腳。丹田催胸，胸催膀，膀催肘，肘催手，所謂「根節催，中節隨，梢節追」。

動作3 左虎步展身落手

動作4 左寸步、右上部

（4）左寸步，兩手拉回　　　　　　　　（動作4）

【動作4】右手向回裏，左拳變掌，斜身，其他動作同2，惟左右相反。

【要領】束身，拳變掌的動作和寸步要同時開始。（協調一致）

（5）虛靈步，兩手上捧　　　　　　　　（動作5）

【動作5】左寸步後，右腳上步呈左虛靈步。雙手在整個動作上持續上捧至嘴前。呈捧撐掖碟之勢，動作同2，惟左右相反。

【要領】下頜微仰、含胸拔背、抱肩裏胯、收臀提肛。

（6）虎步劈拳　　　　　　　　　　　　（動作6）

【動作6】同（3），惟左右相反。

動作5　右虛靈步束身起手　　　動作6　右弓步展身落手

（7）右寸步、左靈虛步

【動作7】同（4），惟左右相反。

【要領】束身，拳變掌的動作和寸步同時開始（協調一致）。

退步劈拳

劈拳似斧，屬金，非斧也，有捧撐掇碟之勢

解說 劈拳似斧，非斧也

劈拳似斧，有落勁，有起勁，有擠勁。

屬金

在五行中「金」是「土」收斂、凝固、結晶後的東西，

右弓步展身落手
　重心向後移動，同時丹田翻動，提膝，足背放鬆，足尖下垂，上身微束。

右提膝退步

腳尖著地，放下腳後跟的動作和束身的動作相互協調。

擁有堅硬、美麗的形象。內五行和肺、外五行和鼻相通。
金生水，剋木。

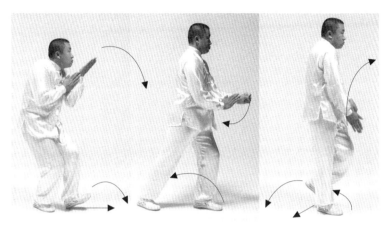

左虛靈步束身起手
　束身、虛靈步和托
手的動作要協調一致。
（身落手起）

左弓步展身落手

左提膝退步
　丹田向後移動的同
時，翻轉的動作和步法、
身法的縮起相協調。

右虛靈步束身起手
　束身、虛靈步和托手的動作相
互協調一致（身落手起）。

右弓步展身落手
落手和虎步展身相互協調一致。

有捧撐掇碟之勢

劈拳做向上捧起盤子狀。

①肘不離肋、沉肩垂肘、三尖（鼻尖、後腿膝尖、後腿腳尖）對照，含胸拔背、抱肩裏胯、收臀提肛、二目平視、全身放鬆、意守丹田。

手腕向內側捲起的動作，並不是僅僅是動手腕，而是和肘、肩、束身的動作連動，相互協調。（出洞入洞緊隨身）

②揚手的動作和束身的動作相呼應，身帶動手。（身落手起）

兩肘擦過側腹時（兩肘不離肋）向上，手擦過心臟（兩手不離心）、手的虎口和嘴的高度相平（拳譜講「口對口」），肘和膝相對。

③放下手的動作，即彎起手指握拳放下。

④收回，向上（起），放下（落）一連串的兩手動作畫弧線時，不要有棱角（斷勁）。

⑤身法，在收手的時候，斜身調膀，朝腳後側轉腰（斜）虛靈步的後膝蓋向前，前膝稍向內將膝蓋閉住（抱肩裏胯）。腰轉身後上半身稍斜，步行向正前方（看斜卻正）。重心放置於整個後腳，前腳放虛，輕輕著地，安穩站立。

⑥呈虛靈步、弓步時，動作稍暫停，確認身心穩定，姿勢動作正確。初學時，可對著鏡子確認，眼與目合。熟悉後目視前方，用意識來確認身體姿勢的正確性。

劈拳正面

劈拳

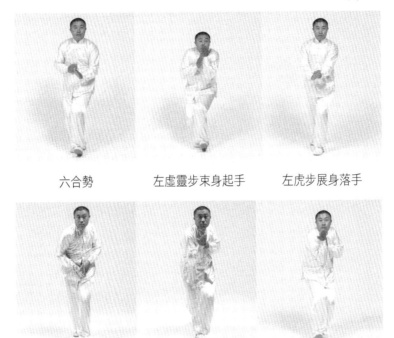

| 六合勢 | 左虛靈步束身起手 | 左虎步展身落手 |

翻丹田，縮起身法的同時左寸步、右上部。右虛靈步束身起手

| 右虎步展身落手 | 右寸步、左上步、托手 | 左虛靈步束身起手 |

劈拳的勁力解析

⊙起落

手起身落：雙手伸展，身體下沉

手的起勁與身體下沉的動作協調一致，類似於槓桿原理，可使對手的重心游移不定。

身起手落：身體伸展，雙手落下

手的落勁依據步法的不同，若是與重心的移動及展身的起勁（頂勁）協調一致，就能形成如描畫圓弧一般的落勁。

手起身落束中進，身起手落展中擊

雙手伸展，身體下沉，在束身中向前躍進。

身體伸展，雙手落下，在展身時出招進攻。

⊙波浪

起落若是與步法（搬丹田和滾丹田）、身法協調一致，就能避免單純的上下運動，進而轉變成像翻起波浪似的動作。而且，它們協調得到的勁道會變得十分強大，不同於單純運用掌法的發力動作，可以使對手搞不明白力從何來，自然也就無從招架了。

掌法要有起有落，氣息於丹田流轉，配合步法，在躍進中形成波浪之勢的發力。

劈拳用法

⊙示例1　深入內側中門

動作1　　　　　　　　　　動作2

動作3　　　　　　　　　　動作4

⊙勁力解析

勁力是指主要透過寸步、上步、虎步等步法使重心轉移所發出的力,以及自丹田開始全身伸展時所發出的力。

展身時,要求氣息流轉於丹田(滾),下盤的後腳踢地(釘勁),由反作用力激發出勁力。一部分勁力送向前腳,另一部分勁力通過身體送向攻擊部位。上半身的勁力可以由

成虎步,用右掌外側向對手的脖頸用搓勁對胸部發起進攻

腰、猴背和鷹膀等的協調,進一步增強原本就極具威力的勁力。

⊙示例2

對手高抬起右手意圖攻擊我的正臉,我根據對手的來勢或裏撥或外表,手腕擠住對方順勢擦過對手的脖頸,呈現高捧著盤子的姿勢。

右手貼著左手內側,自丹田發出的勁力支援向右手,

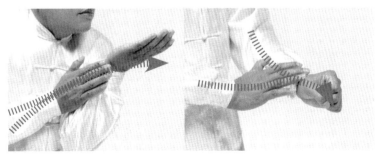

劈拳落

補完套攻擊。

【力學構造】

步法上要求以夾剪勁發出前進的勁力，身法上要求收束身體並伸展勁力，將這兩種勁力集中到一點。形成「保護中心，攻擊中心」的構造。

三尖對齊示例
二尖指鼻尖、膝尖（手尖）、足尖

⊙示例3

自對手外側攻擊

六合勢

預判對手起手進攻的時機
起手要求「靜中有動」，運用虎步，自對手的腿外側向中心進攻。

寸步向前邁步，感受到對手心意動搖時我方同時行動

劈拳的吞吐

吞

我方在收束身體的同時，沿著對方力的方向畫一個大圓以動搖對方的重心，並伴隨圓周運動（滾）展開攻擊。

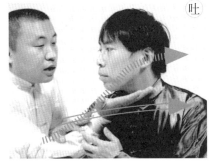

吐

攻擊時要運用自丹田發出的勁力，以右手堪堪擦過對方脖頸，同時深入到對方身體內側手法，左手作為右手的輔助，要與隨著步法而移動的重心協調一致，同時向對方的身體內部打入勁力。

用掌法攻擊對手的同時，運用手肘制衡住對方。（打中有顧）

掌法具有變化多端的靈活多樣性，亦是將整個身體的勁力傳達出去的道具。萬萬不可在細枝末節的手部注入蠻力。

• 崩　拳

崩拳

崩拳似箭屬木非箭也　有舟行浪（打）之勢

動作說明

（1）六合勢　　　　　　　　　　　　　（動作1）

【動作1】束身，呈左虛靈步狀，右掌鬆垂手背向前放置臍右側，左掌在右掌下方，鬆垂手背朝前，兩手合住中心線。

【要領】肘不離肋、沉肩垂肘、三尖（鼻尖、後腳膝尖、後腳足尖）對照、束尾、雙目平視、全身放鬆、意守丹田。

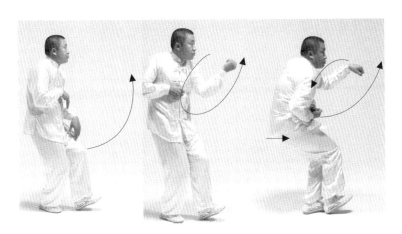

動作1　六合勢　　動作2　左手旋轉內裹　　動作3　左靈虛步束身

束身，呈自然放鬆的姿勢。

（2）虛靈步　　　　　　　　　　（動作2、動作3）

【動作2】束身稍擴大，保持左虛靈步的姿勢，兩掌同時變（空心）拳，右拳（拳心向內）貼在肚臍右側，左拳隨腰身向右擰轉，從肚臍前往右肩上方一邊畫弧（攔手），一邊伸至右肩（動作2）。左腳腳尖向外拉開，寸步，右腳上步，呈虛靈步狀。

【要領】①左拳向前上方攔裹的動作和斜身調膀的動作相呼應。左拳內轉返回內側的動作和轉腰的動作相協調。

②即使轉腰也不要改變束身蓄勢，頭和步形朝向正前方，不要受轉腰的影響朝向內側。

③寸步和轉回手的動作相協調。

【動作3】左拳再向左側擰轉至中心位，右拳內轉，拳心朝上，向下移動至腰的位置。

【身法】束身，朝向前進方向（正）。

【要領】伸左拳時，肘部不要朝外（垂肘）。

動作4
右虎步展伸崩拳

（3）呈虎步，上打　（動作4）

【動作4】右腿上步呈虎步，左拳回撤到肚臍左側。同時右拳擰轉拳心向上，並向前上方（對方心口窩）擠出，至對方海底（下巴）下方擰轉瞬間擊打，空心拳變實發勁，發勁後瞬間放鬆變回空心拳。身法即展身，腰向左轉（斜）。

【要領】①展身、斜正、虎步、出拳相協調，完整一致。

②出拳時，兩肘夾住側腹（「兩肘不離肋」「夾肘」）打出。

③左拳回撤，右拳擠出，兩拳形成吞吐之勢。

【內勁】丹田順時針轉動（滾），上半身催動胸、肩、肘、手。下半身將勁催向後腿（膝、後腳跟）（釘勁），反作用力作用到梢部（拳面）。滾勁、釘勁催動前腳（胯、膝、腳），向前方送勁。

（4）寸步、下落　　　　　　　　（動作5）

【動作5】做寸步的同時，右拳內裏畫弧至腰間（不停，接動作6）。

| 動作5
寸步、下落 | 動作6
左虛靈步 | 動作7
左虎步展身崩拳 |

【要領】右拳內轉的同時開始束身，和寸步協調一致。

（5）呈虛靈步，做好準備　　　　　　　（動作6）

【動作6】上接動作5，手腕向前上方畫弧至肩的高度。動作要點同前動作2，唯方向相反。

【要領】

①伸右拳時，肘部不要朝外（垂肘）。

②身法為從朝斜面轉向朝正前方，但步法不轉，後腳膝蓋朝前，兩腿相擦上步，發出夾剪勁。虛靈步的後膝不朝向外，而是朝向前方並內扣。前腳膝蓋和後腳膝蓋重疊，中間不留縫（拳譜云：腳向內扣同向行）。

（6）呈虎步，向上打　　　　　　　　　（動作7）

【動作7】上步成左虎步，同動作4，惟方向相反。

【要領】

①展身、斜正、虎步、出拳相協調，要使其完整一致。

②出拳時，兩肘夾緊側腹（「兩肘不離肋」「夾肘」）打出。

【內勁】丹田順時轉動（滾），上半身催動胸、肩、肘、手。下半身將勁催向後腳（膝、後腳跟）（釘勁），反作用力作用到梢部（拳面）。滾勁、釘勁催動前腳（胯、膝、腳），向前方送勁。

（7）寸步，下落　　　　　　　　　　　（動作8）

【動作8】寸步，同動作2。

【要領】左拳內轉的同時開始束身，和寸步協調完整一致。

【內勁】丹田翻轉（滾），下半身催動胯、膝、腳，後腳蹬地運用催動的勁力寸步向前。

（8）虛靈步，準備　　　　　　　　　　（動作9）

【動作9】同動作3。

【要領】

①伸左拳時，肘不要拉向外邊（垂肘）。

②身法為由斜面稍轉向正面，但是步法不轉，後腳膝蓋朝向正面，兩腿合攏上步，表現出夾剪勁。虛靈步的後膝不朝向外而朝向前方。前腿膝蓋與後腿膝蓋重疊，中間不留縫。

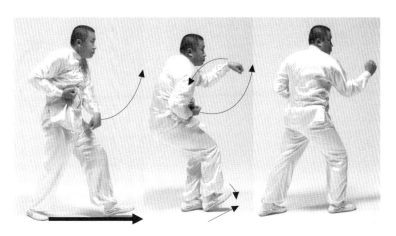

動作8　寸步、抖落　　　動作9　左虛靈步　　　動作10

（9）虎步，上打　　　　　　　　　　　（動作10）

【動作10】同動作4。

【要領】

①展身、斜正、虎步、出拳協調一致。

②出拳時，兩肘夾住側腹（兩肘不離肋、夾肘）推出。

【內勁】丹田順時針轉（滾），催動胸、肩、肘、手。下半身向後腳（膝蓋、腳後跟）催勁（釘勁），反作用力送達梢部（拳面）。滾勁、釘勁催動前腳（胯、膝、腳），向前方送勁。

崩拳手法

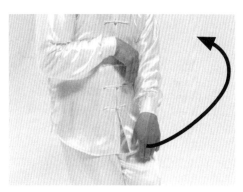

向上向內裏捲，手法
為捲入，身法為束身。

手腕向上伸時，不要橫肘外
撇，應始終保持肘尖垂向下。

六合勢是兩手護住自己的中心，
也是攻擊對手的姿勢。

捲入、下落的同時，束身
寸步前進。

上打時，始終保持肘尖垂向下。
肘與膝合，肩、肘、拳形成一條線，
將勁力送至拳面。

崩拳正面

崩拳用法

⊙示例1

六合勢，心沉氣靜，拳譜云：眼盯耳聽鼻聞伸舌嘗味（靜中有動）。

觀察到對手要出拳時，左手擋開對手右拳；寸步上前。

入對手中門，用前腕擦過胸膛（擠），攻打對手下頜。

⊙示例2　拳、前腕、肘的使用方法

和上面示例1相同，用右前腕打胸、肘打心窩。用前腕防禦對手左手的連續攻擊，也可在格擋的同時用右拳打。

⊙示例3　束身打法

虛靈步時拳心向上，拳面朝前，打對手腹部。（束也打，展也打）

⊙示例4　從背部進入

對手以左拳順步攻擊，按照和示例1～示例3相同的方法從對手外側攻擊。

⊙示例5　腿法的攻擊

與對手相距較近時，在虛靈步之前用腳尖踢對手小腿。

•躦　拳

動作說明

躦拳

（1）六合勢　　　　　　　　　　　　　　　（動作1）

【動作1】束身，呈左虛靈步狀，右掌鬆垂，手背向前放置於臍右側，左掌在右掌下方，也鬆垂手背朝前，兩手合住中心線。

【要領】①肘不離肋、沉肩垂肘、三尖（鼻尖、後腳膝尖、後腳足尖）對照、含胸拔背、縮尾、雙目平視全身放鬆、意守丹田。

束身，放鬆呈自然姿態。

動作1　六合勢　　　　動作2　上揚雙手　　　動作3　左虎步躓拳

②氣沉丹田，心沉氣靜，呈「靜中有動」的姿勢。

（2）雙手向上，打出躓拳　　　（動作2、動作3）

【動作2】束身，身落手起，兩掌合住沿中心線同時往正前上方畫弧，直至肩的高度，掌變雞手。

【要領】伸雙手的動作，和束身的動作相協調（身落手起）。

【用法】應為用左手腕上打對手下頜。

【動作3】虎步，同時兩雞手向右後內轉，斜身調膀，左膀左肘同時下砸，左肩面向正面。

【要領】

①躓拳中肩的膀法有向地面下砸的勁力（直勁），步法同時上前，形成上下合擊之勢。

②身法雖比正前方稍斜，但是步法不往外斜（看斜卻是正，後腳膝蓋向正前方）。面向正前方的同時，丹田滾動

的勁力送至胯、膝、腳。後腳蹬用釘勁，保持虎步要領。

③氣沉丹田，重心穩定，不上浮（穩）。

④向內轉的兩手動作協調一致（身起手落）。右手肘部向後摩擦右肋，右手心向上貼住肚臍右上側，左手虎口朝前，手心向上。

⑤手法和身法的束展、斜正、步法協調一致。

【內勁】丹田回轉（滾），勁力在上半身催向胸、肩、肘、手。下半身將勁力（釘勁）送達後腳（膝蓋、後腳跟），反作用力送至梢部（拳面）。滾勁、釘勁催動前腳（胯、膝蓋、腳），向前方送勁。

（3）寸步、上步，成虛靈步的同時上打

（動作4、動作5）

【動作4】斜身調膀，左寸步，左雞手向外轉時下落，右雞手外轉，使得手心向下，前後手互換。

【要領】

①左手向外轉的同時開始束身，由斜轉正時的身法與開始寸步的動作要協調一致。

②左雞手下

動作4　　　　　　　動作5
寸步、下落　　　　上步、虛靈步、上拂

落時不要橫肘。右雞手由中心打出，通過身體中心線，兩肘擦過腋下打出（「兩肘不離肋，兩手不離心，出洞入洞緊隨身」）

【內勁】丹田翻轉（滾），勁力下半身催向胯、膝、腳，後腳蹬，催出的勁力用於寸步。

【動作5】束身，上步的同時上撩右手。拳譜云：「身落手起束中進，身起手落展中擊。」

【要領】寸步、上步動作一氣呵成，虛靈步安穩站立（穩）。

（4）從虛靈步轉為虎步，打躦拳 （動作6）

【動作6】同動作3，惟方向相反。

【要領】

①躦拳中肩的膀法有向地面下砸的勁力（直勁），步法同時上前，形成上下合擊之勢。

②身法雖比正前方稍斜，但是步法不往外斜（看斜卻是正，後腳膝蓋向正前方）。面向正前方的同時，丹田滾動的勁力送達胯、膝、腳。後腳蹬用釘勁，保持虎步要領。

③氣沉丹田，重心穩定，不上浮（穩）。

④向內轉的兩手動作協調一致（身起手落）。右手肘部向後摩擦右肋，右手心向上貼住肚臍右上

動作6 右虎步躦拳

側，左手虎口朝前，手心向上。

⑤手法和身法的束展、斜正、步法協調一致。

【內勁】丹田回轉（滾），勁力在上半身催向胸、肩、肘、手。下半身將勁力（釘勁）送至後腳（膝蓋、後腳跟），反作用力送至梢部（拳面）。滾勁、釘勁催動前腳（胯、膝蓋、腳），向前方送勁。

（5）由寸步、上步開始變成虛靈步，上撩

（動作7、動作8）

【動作7】同動作4，惟方向相反。

【要領】

①左手向外轉的同時開始束身，由斜轉正時的身法在轉換的動作，與開始寸步的動作要協調一致。

②左雞手下落時不要橫肘。右雞手由中心打出，通過身體中心線，兩肘擦過腋下打出（兩肘不離肋，兩手不離

動作7　寸步、下落　　　　動作8　上步、虛靈步、上撩

心，出洞入洞緊隨身）。

【內勁】丹田逆轉（滾），勁力下半身催向胯、膝、腳，後腳發出前進動力，催出的勁力用於寸步。

【用法】用右雞手避開對手右拳，下落，左雞手的手腕攻打對手腹部或側腹部。

【動作8】同動作5，惟方向相反。

【要領】寸步、上步動作一氣呵成，虛靈步安穩站立（穩）。

【用法】①打腹部後，沿著對手身體上撩打下巴。

②上撩的同時，根據對手變化進肘可以擊打對方心口窩，隨後貼身用肩膀砸擊對方。拳譜云：「膀打一陰反一陽，肘打去意占胸膛，好似反弓一粒精。」

（6）從虛靈步變虎步，打出躦拳　　　　（動作9）

【動作9】同動作6，惟方向相反。

【要領】

①躦拳中肩的膀法有向地面下砸的勁力（直勁），步法同時上前，形成上下合擊之勢。

②身法雖比正前方稍斜，但是步法不往外斜（看斜卻是正，後腳膝蓋向正前方）。面向正前方的同時，丹田滾動的勁力送至胯、膝、腳。後腳蹬用釘勁，保持虎步要領。

③氣沉丹田，重心穩定，不上浮（穩）。

④向內轉的兩手動作協調一致（身起手落）。右手肘部向後摩擦右肋，右手心向上貼住肚臍右上側，左手虎口

動作9　左虎步鑽拳　　　　　動作10　回至六合勢

朝前，手心向上。

⑤手法和身法的束展、斜正、步法協調一致。

【內勁】丹田回轉（滾），勁力在上半身催向胸、肩、肘、手。下半身將勁力（釘勁）送至後腳（膝蓋、後腳跟），反作用力送至梢部（拳面）。滾勁、釘勁催動前腳（胯、膝蓋、腳），向前方送勁。

（7）收功　　　　　　　　　　　　（動作10）

【動作10】動作2～動作9適當重複轉身法和退步法，動作8中移動右腳呈虛靈步狀，左手落至大腿根，右手放至小腹（丹田）前，兩手均合在身體中線上。

【要領】放鬆上半身，安穩站立。雙目平視，肘不離肋、沉肩垂肘、三尖（鼻尖、後腳膝尖、後腳足尖）對照、含胸拔背、全身放鬆、意守丹田。

躦拳正面

動作1
六合勢

動作2
上揚雙手

動作3
左虎步躦拳

動作4
寸步、下落

動作5　上步、
虛靈步、上拂

動作6
右虎步躦拳

動作7
寸步、下落

動作8　上步、
虛靈步、上撩

動作9
左虎步躦拳

移動後腳
靠攏前腳

動作10
六合勢（收功）

鑽拳的勁力解析

⊙身落手起

身體下落蓄勁，手隨之抬起，拳譜云：「起是去也，落是打也。」起也打，落也打，起落二字如水中之翻浪。

⊙斜正

正 → 正 → 斜

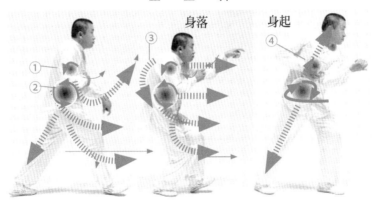

身落　身起

「含胸拔背」（縮）（①）和運轉丹田（滾丹田）的勁力（②）相協調，變成連動的巨大勁力。

「身落手起束中進」，身體落，手抬起，束身的同時有前進的勁力。

體內有起勁，手中有落勁。身法由正面轉至斜面，但仍以束身勁力為主，丹田勁力貫至對手。

由「正」至「正」的動作中，在束展和上步時前進勁力為主要勁力。

由「正」至「斜」的動作中，在束展和上步時前進的勁力加上轉腰的勁力（腰勁），用於化解對方的來勁。

⊙猴背

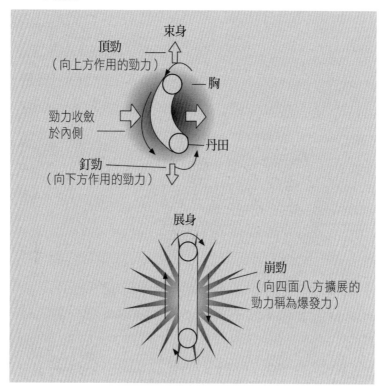

上頁圖中③、④為「猴背」的身法。

拳譜云：「猴有縱伸之功」，「猴背」表現了猴子向上的時候，背縮成圓形拉長身體的姿勢。

「身如弩，拳如藥箭」

拉弓，使得勁力集中於體內，像箭般放出（展）。

「身落手起束中進」「兩手不離心，兩肘不離肋，出洞入洞緊隨身」

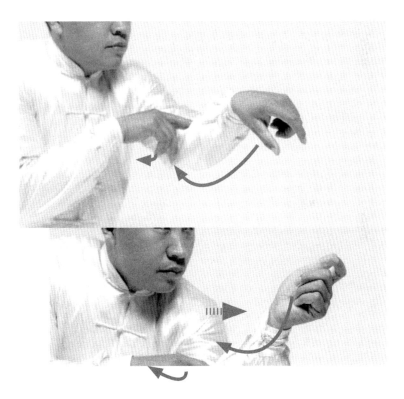

手腕內轉的手法，可掛住對手的手（掛勁），肘部也同時內捲。拳譜云：「手有撥轉之能。」可根據變化擊打對手頸部或腋部，拳譜云：「整學零使喚。」

⊙膀法

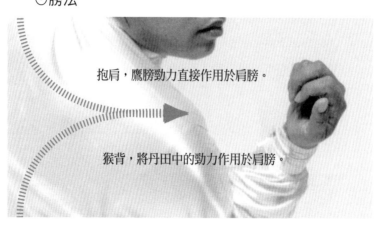

抱肩，鷹膀勁力直接作用於肩膀。

猴背，將丹田中的勁力作用於肩膀。

躦拳用法從內門進攻

六合勢，心沉氣靜（「靜中有動」）。

察覺到對手攻擊意圖，同時寸步上步，用左手擋開對手右拳，右手手腕上撩對手下頜。

內轉右雞手，朝對手脖子和臉部打去。以手腕、肘部護住中心使得對手不能連續出擊左拳。在出左拳的同時，用前臂防禦。

緊接前面的動作用膀法攻打對手胸部

• 炮　拳

炮拳

> 炮拳似炮，屬火，非炮也，有江水排岸之勢。

動作說明

（1）六合勢　　　　　　　　　　　　（動作1）

【動作1】束身，呈左虛靈步狀，右掌鬆垂，手背向前放置臍右側，左掌在右掌下方，也鬆垂手背朝前，兩手合住中心線。

【要領】①肘不離肋、沉肩垂肘、三尖（鼻尖、後腳膝

動作1　六合勢　　　動作2　揚起雙手　　　動作3　右虎步炮拳

尖、後腳足尖）對照、含胸拔背、束尾、雙目平視、全身放鬆、意守丹田。

②束身，放鬆，呈自然狀態。

③氣沉丹田，呈「靜中有動」的姿勢。

（2）揚起雙手，打出炮拳　　　　（動作2、動作3）

【動作2】擴大束身，左寸步和右上步成右虛靈步。兩手上挑（分開對手來手），同時外翻，直至頭的高度，手心向內。前手略高，後手合在前手肘部。

【要領】①揚起雙手的動作和擴大束身的動作、寸步、上步相協調（「身落手起束中進」），兩手放鬆。

【內勁】丹田翻轉（滾），下半身將勁力催向胯、膝、腳，後腳蹬，用催動的勁力來進行寸步。

【用法】上撩分開對手雙手，用右手手腕順勢上打對手下頜。

【動作3】成虎步，同時兩雞手向外轉，甩落至腹部（略高於肚臍）。

【要領】①兩手從上方畫弧甩落。

②身法雖比正前方稍斜，但是步法不往外斜（看斜卻是正，後腳膝蓋向正前方）。面向正前方的同時，丹田滾動的勁力送至胯、膝、腳。後腳蹬用釘勁，保持虎步要領。

③氣沉丹田，重心穩定，不上浮（穩）。

④手法和身法的束展與步法相協調。

【內勁】丹田回轉（滾），勁力在上半身催向胸、肩、肘、手。下半身將勁力（釘勁）送達至後腳（膝蓋、後腳跟），反作用力送至梢部（拳面）。滾勁、釘勁催動前腳（胯、膝蓋、腳），向前方送勁。

（3）寸步，由上步變為虛靈步、上撩

（動作4、動作5）

【動作4】收手換式，稍稍束身（縮），兩手內轉，兩手腕相合引至小腹前。

【動作5】同動作2，惟方向相反。

【要領】揚起雙手的動作和擴大束身的動作、寸步、上步相協調（「身落手起束中進」），兩手放鬆。

【內勁】丹田翻轉，下半身，將勁力催向胯、膝、腳，後腳蹬，用催動的勁力來進行寸步。

【用法】上撩分開對手雙手，用右手手腕順勢上打對手下頜。

動作4　寸步、挑落　　動作5　上步、虛靈步　　動作6　左虎步炮拳

（4）打出炮拳　　　　　　　　　　　　　（動作6）

【動作6】同動作3，惟方向相反。

【要領】

①兩手從上方畫弧甩落。

②身法雖比正前方稍斜，但是步法不往外斜（「看斜卻是正，後腳膝蓋向正前方」）。面向正前方的同時，丹田滾動的勁力送至胯、膝、腳。後腳蹬用釘勁，保持虎步要領。

③氣沉丹田，重心穩定，不上浮（穩）。

④手法和身法的束展，步法相協調。

【內勁】丹田回轉（滾），勁力在上半身催向胸、肩、肘、手。下半身將勁力（釘勁）送至後腳（膝蓋、後腳跟），反作用力送至梢部（拳面）。滾勁、釘勁催動前腳（胯、膝蓋、腳），向前方送勁。

動作7　寸步、捲落　　動作8　上步、虛靈步　　動作9　右虎炮拳

（5）寸步，由上步變為虛靈步、上拂

（動作7、動作8）

【動作7】收手換式，同動作4，惟方向相反。

【用法】用右手擋住對手右拳的攻擊，破壞對手的重心。

【動作8】同動作5，惟方向相反。

【要法】揚起雙手的動作和擴大束身的動作、寸步、上步相協調（「身落手起束中進」），兩手放鬆。

【內勁】丹田翻轉（滾），下半身，將勁力催向胯、膝、腳，後腳蹬，用催動的勁力來進行寸步。

【用法】上撩分開對手雙手，用右手手腕順勢上打對手下頜。

（6）打出炮拳　　　　　　　　　　　（動作9）

【動作9】同動作3。

（7）寸步，由上步變為虛靈步、上拂

（動作10、動作11）

【動作10】同動作4。

【動作11】同動作5。

（8）打出炮拳　　　　　　　　　　（動作12）

【動作12】同動作6。

（9）收功　　　　　　　　（動作13、動作14）

【動作13】後腳挪近至前腳，右手肘內旋至腹部，左手內旋呈雞手，至大腿根部。

【動作14】呈六合勢，收功。

【要領】肘不離肋、沉肩垂肘、三尖對照、含胸拔背、

動作10　　　　　　動作11　　　　　　動作12

動作13　右手內旋　　　　　　動作14　收功

束尾、雙目平視、全身放鬆、意守丹田。

炮拳正面

動作1　六合勢　　　動作2　兩手上揚

動作3 右虎步炮拳　　　　　　動作4 寸步、挑落

動作5 上步、虛靈步、上拂　　動作6 左虎步炮拳

炮拳的勁力解析

上挑的同時轉動手腕外翻。有起勁和彈勁。手形為雞形。

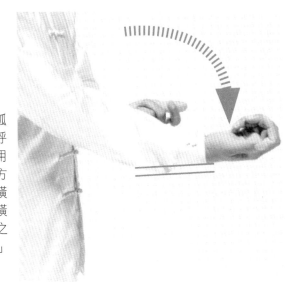

前臂下落畫弧的動作與步法相呼應，形成擠勁作用于對手。如果對方有勁，可變化為橫勁。拳譜云：「橫勁破直勁，運用之妙，存乎一心。」

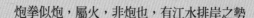

炮拳似炮，屬火，非炮也，有江水排岸之勢

炮拳似炮，非炮也

炮拳，似爆竹炸裂般炸開（炸勁），但是，並又不僅僅如此，而是與全身相協調發出的動作和勁力。

屬火

在五行中，「火」表示向上燃燒的特性，「火」能生「土」剋「金」。而炮拳中兩手上揚的動作正好表現了「火」的特性。

有江水排岸之勢

兩手臂上揚再落下的炮拳，正如江水排岸之勢。

炮拳用法

心動則混身動，熟練勢法後，就無法看出形從何處出（身法謹慎）。

成六合勢，心靜氣沉（靜中有動）。

用左雞手上撩對手的攻擊。

手腳協調，搬丹田和滾丹田相協調發出勁力。

「心一動，渾身動。」

「拳打三節不見形，如見形影不為能。」

從手腕上挑轉為翻手背，破進對手中門，用前臂攻擊。

重心運向前方，落前臂，攻擊對手的胸部和臉部。

打法歌訣：打法定要先上身，手足齊到才為真。

拳如炮形龍折身，遇敵好似火燒身。

·橫　拳

橫拳

橫拳似彈，屬土，非彈也，有輪行壕溝之勢。

動作說明

（1）六合勢　　　　　　　　　　　（動作1）

【動作1】束身成虛靈步，右拳放至肚臍右側，左掌心在腹前朝向斜下方手指朝前，左中指和鼻尖成一線，兩手合住身體中心線。這也是六合勢的一種，稱為投手六合勢，前面的可稱為雞手六合勢。

【要領】

①肘不離肋、沉肩垂肘、三尖（鼻尖、後腳膝尖、後腳足尖）對照、含胸拔背、縮尾、雙目平視、全身放鬆、意守丹田。

②束身，放鬆呈自然狀態。

③氣沉丹田，呈「靜中有動」的姿勢。

（2）寸步、上步，成虛靈步，打出右虎步橫拳

（動作2、動作3）

【動作2】擴大束身，右膀下塌，右拳外旋，拳背小指側貼大腿下磨。左寸步，右上步，呈右虛靈步。

【要領】右拳外轉時稍下沉右肩，回轉丹田（滾丹

動作1 六合勢　　動作2 寸步、虛靈步　　動作3 右虎步橫拳

田），和擴大束身的動作相協調。右拳、兩手以及全身做放鬆狀。

【內勁】丹田逆回轉（滾），下半身將勁力催向胯、膝、腳，後腳運行前進的動力，用催動的勁力來進行寸步、上步。

【用法】面對對手的攻擊，順其意擋住其攻擊，靠近對手。束身的同時前進（束而進）。肘部擦腋而出拳，且不離中心。透過（兩肘不離肋、兩手不離心）護住自己的中心，攻擊對手的中心（護中心，打中心）。

【動作3】成虎步，右拳向前上方內旋而起，與肚臍平。同時，左掌前伸和右拳內側相合護住右手腕，打出。

【要領】

①拳不運力，從下方向上畫弧，向前方打出（輪行壕溝之勢）。

②身法保持面向正前方，向前方運行滾丹田。

③後腳膝蓋面向前方，不向外拉開，保持向前的姿勢，滾丹田的勁力到達胯、膝、腳（釘勁）。釘勁後腳伸直，與前腳成一條直線。

④身法展身，頭向上方施頂勁。氣沉丹田，重心穩定，不上浮（穩）。

⑤手法和身法的束展，步法相協調。拳至落點出擰轉瞬間爆發勁力，由空心拳變為實心拳，但不要運力蓄勁。左掌和拳心合攏，指頭和拳面合攏，不要超出拳面。

【內勁】丹田翻轉（滾），勁力在上半身催動胸、肩、肘。下半身將勁力催動至後腳跟（膝蓋、後腳跟），其反作用力送至梢部（拳面）。滾勁、釘勁催動前腳（胯、膝、腳），將勁力送至前方。

【用法】用橫拳從內門進攻對手：如果對手用右拳攻擊，我即用左手順其右拳之勢抵擋（化、吞），同時攻擊對手胸部、腹部等身體中心。

（3）寸步，由上步變為虛靈步，打出橫拳

（動作4～動作6）

【動作4】收手換式，稍稍束身（縮），寸步的同時兩手向左翻轉，右拳變掌，左掌變拳。

【動作5】同動作2。

【要領】兩手的動作和束身、寸步相協調。

【用法】用左拳手背抵擋對手右拳的攻擊，將對手的攻擊軌道引向下方或後方，以破壞對手的重心。

【動作6】同動作3，惟方向相反。

動作4　寸步、捲落　　動作5　上步、虛靈步

【要領】

①拳不運力，從下方向上畫弧，向前方打出（輪行壕溝之勢）。

②身法保持面向正前方，向前方運行滾丹田。

③後腳膝蓋面向前方，不向外拉開，保持向前的姿勢，滾丹田的勁力到達胯、膝、腳（釘勁）。後腳伸直，和前腳成一條直線。

動作6　左虎步橫拳

④身法展身，頭向上方施頂勁。氣沉丹田，重心穩定，不上浮（穩）。

⑤手法和身法的束展、步法相協調。拳至落點在擰轉瞬間爆發勁力，由空心拳變為實心拳，但不要運力蓄勁。左掌和拳心合攏，指頭和拳面合攏，不要超出拳面。

【內勁】丹田翻轉（滾），勁力在上半身催動胸、肩、肘，在下半身催動至後腳跟（膝蓋、後腳跟），其反作用力送至梢部（拳面）。滾勁、釘勁催動前腳（胯、膝、腳），將勁力送至前方。

【用法】從內門進攻對手：如果對手用右拳攻擊，我即用左手順其右拳之勢抵擋（化、吞），同時，攻擊對手胸部、腹部等身體中心。

（4）寸步，由上步變為虛靈步，打出橫拳

（動作7～動作9）

【動作7】同動作4。

【動作8】同動作5。

【動作9】同動作6。

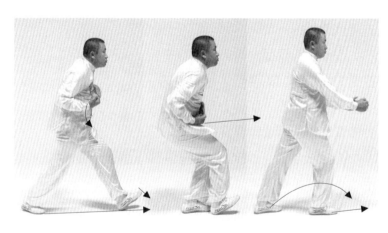

動作7	動作8	動作9
寸步、返回	上步、虛靈步	右虎步橫拳

（5）六合勢收功
（動作 10）

【動作 10】束身的同時，右寸步、左上步後，成左虛靈步，右拳向上畫弧，回到肚臍右側。左掌心微微朝下，手指朝前，合於中心線。

動作 10　六合勢（收功）

【要領】①肘不離肋，沉肩垂肘，三尖對照，含胸拔背，縮尾，雙目平視，全身放鬆，意守丹田。

②束身，放鬆為自然狀態。

③調整呼吸，氣沉丹田，收功。

橫拳正面

動作1　六合勢　　動作2　寸步、虛靈步　　動作3　右虎步橫拳
「靜中有動」的姿勢　　　　　　全身的勁力集中於拳

動作 4　　　　　　動作 5　　　　　　動作 6

寸步、捲落　　　　上步、虛靈步　　　　左虎步橫拳

左肩下沉，以低望高，成輪行壕溝之勢。

即便左肩下沉，也不要提起右肩。

動作 7　　　　　　動作 8　　　　　　動作 9

寸步、返回　　　　上步、虛靈步　　　　右虎步橫拳

前伸後蓄，蓄發結　　　　虛靈步裏勁表現為夾剪勁。拳譜云：「步
合，無有間斷。　　　　步行動剪子股。」夾剪勁運作前進的勁力。

横拳似彈，屬土，非彈也，有輪行壕溝之勢

横拳似彈，非彈也

横拳像彈簧一樣彈出，但是並不僅僅是彈簧之力，而是由滾丹田等全身協調彈出的勁力。

屬土

土是萬物生長的根本，横拳有如土般的作用。

有輪行壕溝之勢

打出横拳時手背擦著大腿畫弧，如同藥碾碾藥般往來翻滾之勢。

横拳的勁力解析

王映海口傳

棋拳打拳時的勁力：

「全都畫圓，全身成球。」

圖1

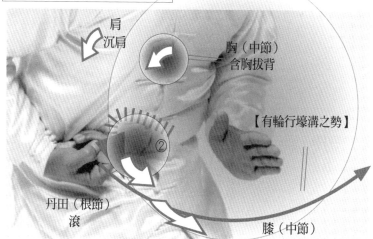

肩
沉肩

胸（中節）
含胸拔背

【有輪行壕溝之勢】

丹田（根節）
滾

膝（中節）

圖2　在手法（①）回轉的同時沉肩，丹田也回轉（②）
　　　①～③中，手法為畫弧，與身法協調並全身畫圓，形成滾勁。

滾丹田和滾勁

丹田、胸、肩等三個關節畫圓時（滾），相互協調，運作出全身的滾勁，即「全身成球」般運動。

沉 肩

橫拳中，出拳一側的肩下沉（沉肩）。一側肩下沉，但另一側不要提肩。身體不成水平，而成為如同圖2中展示的一部分由滾丹田而「全身成球」的身法。

三節

根節催、中節追、梢節隨。

解說 根節為原動力，催動中節和梢節，由內而外，根、中、梢連動協調並同時進行，且進行時不能有時間差。

橫拳出拳時的三節和勁力

②滾丹田　　　　　　　　　　　　③搬丹田（重心的移動）

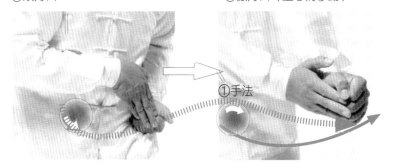

①手法

　　手法（①）畫弧，丹田（②）回轉，隨著步法（③搬丹田）的移動，共同產生波浪般勁力。

　　丹田和手法協調運動，束而翻、展而滾（②）。滾的作用，是透過與搬丹田時重心移動的直線運動相協調，使得向前方作用的勁力不間斷。

　　所謂滾勁，這裏並不僅僅指「旋轉」，也指「滾動」（在旋轉的同時移動）的勁力。

橫拳用法（從內門進攻對手的例子）

⊙示例1

　　如果對手用右拳攻擊，我左手順勢擋開（化、吞）對手右拳的同時，進入對手的中門，攻擊對手的胸部、腹部等。設想我攻打的右拳不折回，而是壓住對手的左拳或者上抄對手手腕，同時出左拳也可用於防禦。（打中有顧，顧中有打）

靜中有動

化、吞、進

⊙示例2　從對手外側進攻的例子

繼續順勢左拳的例子（動作5的用法1），轉化為畫弧攻擊，用左拳攻打對手中心。右掌貼於左拳，或補充勁力，或防禦對手左手的其他攻擊。

進入中門、打

⊙特別說明：五行拳的用法

每種拳的練法只是由不同的動作練習引導出不同方向的勁力，實際應用中要根據變化使用不同的拳法。拳譜云：「因敵變化示神奇。」

五行合一法

遠踐、近鑽，鑽進合膝，鑽是縱力，手起如鋼叉，手

落如鉤阻，摩精摸勁意響連聲，心一動渾身俱動。心動似火焰，肝動似飛箭，肺動成雷聲，脾動即加功，腎動快如風，五行合一處，放膽即成功。起落二字自身平，蓋勢一字是中身。身似弩弓，拳如藥箭。能要不是，莫要停勢。蟄龍未起雷先動，風吹大樹百枝搖。上法須要先上身，手腳齊到方為能。內要提，外要隨，起是橫，落是順。拳打三節不見形，若見形影不為能。能在一思進，莫在一思存，能在一其前，莫在一其後，起橫不見橫，落順不見順。起不起，何用再起？落不落，何用再落？以低望高，起落二字於心齊。

明瞭四梢永不俱，閉住五行永不凶，明瞭四梢多一精，明瞭五行多一氣，明瞭三心多一力，三回九轉是一勢，勢怕人間多一精，好字本是無價寶，有錢將往何處找，要知好字路，還往四梢求。

講四梢

何謂四梢？舌為肉梢，牙為骨梢，手、腳指甲為筋梢，渾身毛髮為血梢。四梢俱齊，五行齊發。血梢發起不凶，牙梢肉梢不知情，筋骨發起不知動，身起未動可知情，才知靈心大光明。兩肘不離肋，兩手不離心。出洞入洞緊隨身，進步快似捲地風，疾上更加疾，打了還嫌遲。天地交合能下雨，要得法，雲遮月，武藝戰爭蔽日光，閉住五行。裏胯打人變勢難，外胯打人魚打挺。

與人交戰，須明三尖：眼尖、手尖、腳尖是也，腳踏中門搶地位，就是神仙也難防。如長蟲吸食，內使精神，

外示安逸。守如處女，出如脫兔。追其形，追其影。縱橫往來，目不及瞬。大樹成林在其主，巧言莫要強出頭。架梁閃折不在重，有稱打起千百斤。

四梢說：人之血、肉、筋、骨之末端曰梢，蓋髮為血梢，舌為肉梢，牙為骨梢，指甲為筋梢，四梢用力，則可變其常態，能使人生畏懼焉。

血梢：怒氣填胸、豎髮衝冠，血輪速轉，敵膽自寒，毛髮雖微，催敵不難。

肉梢：舌捲氣降，雖山亦撼，肉堅似鐵，精神勇敢，一言之威，落魄喪膽。

骨梢：有勇在骨，切齒則發，敵肉可食，齜裂目突，惟齒之功，令人恍惚。

筋梢：虎威鷹猛，以爪為鋒，手攫足踏，氣勢皆雄，爪之所到，皆可功。

演藝者，思吾之道，依吾之言，永無大害，見其理而自尊。交勇者，莫要思悟；思悟者，寸步難行。血發腳心，發起列天門，再無別疑真豪雄。

牙骨梢，仔細評，評出理來是一通。

筋骨一氣要以和，天地陰陽通，一氣之通，萬物皆通。氣之復，萬物皆復，哪見痕跡，哪有阻隔，以和為始，以和為終。明天地，知吾之心意，不知吾之心意，還往四梢行。目中不時常旋轉，行坐不時要用心，耳中不時常報應，語中不時常調和。

調和者，何也？調和萬事吉與凶。吾有攏樹之心，種苗之意，奈其人不知。

　　松柏四時常青，牡丹雖好，一時豔盛。松柏常綠，緣何嚴霜不打，因它根深心實。人心若得人心意，意思之時不回頭，可喜，孝、悌、忠、信、禮義、廉恥，再思學義氣而自中矣！三意無路任縱行，日備晚上去避身，知吾思悟。

　　何為三意？莊稼耕讀萬事用，只為仁、義、禮、智、信。武藝雖好世不平，路途結交要用心。晚間需防備，萬事莫放鬆。逢橋須下馬，過渡莫爭先。一人莫上舟，搬重且停行。寧走高崗十里遠，不走低凹一步險。未晚先投宿，雞鳴早看天。黑夜烈風休行路，行路必有禍與凶，十人易把一人擒。有人參透這些語，萬事有吉並無凶。

四把

1 四把的動作説明及用法

•四 把

四把

四把：頭把：投手加橫拳；二把：挑領；三把：鷹捉；四把：斬首炮。

四平：手與膀平，肘與心平，膝與胯平，足與膝平。

歌訣

起手橫拳勢難招，展開四平前後梢。

望眉斬將如虎搜山。斬首炮，車行如風。鷹捉四平足下存身。

動作說明

（1）六合勢　　　　　　　　　　　　　　　（動作1）

【動作1】束身，呈左虛靈步，右拳置於臍右，左掌微側，手指向前，保護中心線。

【要領】①肘不離肋、沉肩垂肘、三尖（鼻尖、後腳膝尖、後腳足尖）對照、含胸拔背、束尾裹胯、雙目平視、全身放鬆、意守丹田。

束身，即輕緩地將身體「縮」起來，全身自然放鬆。

②氣沉丹田，靜守不動，成「靜中有動」姿勢。

（2）按頭勢　　　　　　　　　（動作2～動作6）

此勢也叫美女梳妝。

【動作2】繼六合勢後，左寸步，右手手指下垂，並從左手指前上舉。

動作1　六合勢　　　動作2　寸步　　　動作3　提膝

動作4　上拂　　　動作5　退步　　　動作6　六合勢

【動作3】繼動作2之後，提右膝，右手繼續上舉。

【用法】①用右手手背、手腕上彈對手下頜。

②提膝，上頂對手襠部。若雙方距離很近，就用膝蓋攻擊其大腿，並用腳尖踢其小腿。

【動作4】繼動作3後，右手拂到頭部，手指若梳頭狀。

【用法】①若對手左拳攻來，則用右手前腕擋開，將其力引向側面，避開攻擊（頸），並用手腕側部擋其攻擊，同時出肘攻其下頜或胸部。

②按上述動作避其攻擊的同時，用膝蓋攻擊對手襠部或大腿。

③用右腳腳尖踢對手小腿。

④提膝防禦對手下腹部對腳部的攻擊。

【要領】根據雙方距離以及與對手的身高差距等要素，可單獨使用用法①～用法④，但多數情況下可同時使用。

【動作5】繼動作4後，右手成撫摸右耳後部姿勢，將提起的膝蓋由腳尖開始著地。

動作4～動作6的梳頭下捋手法，因形態稱其為「美女梳頭」。

【用法】①從頸部向前方出肘或劈掌，攻其胸部或面部。

②將對手左拳的攻擊引向內側（頸部），不阻其勢，而是將其貼住手腕，制其重心，發起攻擊。

③右手從耳後繞到胸前，並下垂至肚臍右側。腳尖著地後，在腳後跟著地時，將重心移至右腳，左腳靠近，呈虛靈步。

【要領】①動作2～動作6的手法以及車輪步的一連串動

作，不可停頓，需一氣呵成，初學時可放慢動作。動作4和動作6可間斷練習。

②提膝後退這一連串的步法，需兩膝閉合，突出夾剪勁。

（3）投手 （動作6、動作7）

【動作7】由虛步轉至虎步，由束身轉至展身，同時推出左掌，且左掌稍斜。

【要點】投手的左手肘部擦肋部，指尖護住中心（兩肘不離肋、兩手不離心）。

左肘和左膝相合，肘尖朝下（外三合、垂肘）。

【內勁】丹田旋轉（滾），上半身催動胸、肩、肘、手。下半身向後腳（膝蓋，腳後跟）催動內勁（釘勁），其反作用力抵達梢部（拳面）。滾勁、釘勁同時催動前腳（胯、膝蓋、腳），向前方送勁。

【用法】①若對手出左手，則用右手擋開，同時用左手手指戳其胸口。

②若對手出右拳，則用自己左前臂從該手腕外側按壓，手指戳其腹部、胸口。

（4）一寸二踐 （動作8～動作10）

【動作8】身法放鬆(縮)，手法保持投手動作，左寸步。

【動作9】繼上述動作之後，右腳靠近左腳，成剪子股。

【動作10】左腳尖上翹，左腳呈虛步（左虛靈步），右拳內轉，拳心向上。

【要領】①動作10並非是六合勢，而是束身擴大後橫拳

動作7　投手　　　動作8　一寸二踐(1)　動作9　一寸二踐(2)

動作10　虛靈步　　　　動作11　拗步橫拳、轉身

的預備姿勢。

　　②須使右拳外轉、右肩稍微下垂，束身、虛靈步等動作相互協調。

　　（5）拗步橫拳　　　　　　　　　　（動作11）

　　【動作11】從動作10開始展身，成左虎步，同時右拳內

轉，在下側畫弧的同時攻向前方。拳面朝前，拳心向左。左掌抱右拳，左指尖貼在右拳面，護住右手腕。

【要領】①從動作7的寸步到動作11的虛靈步，寸步、剪子步和橫拳須一氣呵成。

②出橫拳的動作，要與運行丹田的動作保持協調。

（6）轉身鷂子入林 （動作12）

【動作12】從橫拳（動作11）開始，右膀下塌，兩手置於原地，身法後腳往後拉，腳尖外旋，前腳扣步轉身。右拳變掌，五指張開，置於右大腿上。左掌置於右肩內側，掌心稍微向前。左腳上前，並在右腳旁。

【要領】轉身時，右肩下沉的動作，要與束身、放下胳膊、轉身等動作保持協調。本動作模仿的是鷂子在林中起飛時，傾斜翅膀，擦身飛過樹木的樣子。

（7）挑領 （動作13）

【動作13】成虎步的同時，右掌向前上方挑起，左掌下壓於兩腿中間。

【要點】右掌大幅度張開，使右手挑起、左手下壓、虎步、展身相協調。

【內勁】丹田翻轉（滾），上半身催動胸、肩、肘、手，下半身向胯、膝蓋、後腳跟催力（釘勁），反作用力達到梢部。滾勁、釘勁同時催動前腳（胯部、膝蓋、腳），向前方送勁。

【用法】注意力離開上方，攻其下方。用左掌避開對手

動作12　鷂子入林　　　　動作13　挑領　　　　　動作14　寸步

左拳的攻擊，進入對手身前，用右前臂從對手襠部挑起，
讓對方失去重心倒下。

（8）鷹捉　　　　　　　　　　　　　　　（動作14）

【動作14】寸步，上步成束身勢，右手置於嘴前，掌心
向內，左手手背覆蓋在右手手腕上。

【要領】①寸步、束身和左肘擦過腋下時的手法相協
調。

②身落手起束中進，肘不離肋、手不離心。

【動作15】繼上所述，上半身不變，成虛靈步姿勢。

【用法】右掌手背攻擊對手臉部。

【動作16】兩掌重疊翻轉，掌心朝前，右手在前，左手
覆蓋在右手手背上。

【動作17】虎步展身，同時兩掌保持重合姿勢，指尖向
前下方，畫弧下捉到襠部。

圖15　虛靈步　　　圖16　翻掌　　　圖17　展身

【用法】向斜上方攻擊，戳對方臉部，至其後仰失去重心。

拳譜云：「要得法，雲遮月。」「進門不能取勝，必有膽寒之心。」鷹捉就有雲遮月的含義。

（9）斬首炮　　　　　　　（動作18～動作20）

【動作18～19】寸步、束身、左轉同時右手握拳，左掌緊跟右前臂內側。在兩胯前、腹部直至下頜的高度劃內轉弧線。

【要領】①夾肘、寸步和束身手法相協調。

②兩肘不離肋、兩手不離心，身落手起束中進。

【用法】抓住對方中門的空隙，直接攻擊對方下頜。

拳譜云：「落也打，束也打」，右掌防禦對手左右拳的反擊。

「起也打、落也打」「展也打、束也打。」

圖18　虛靈步　　　圖19　斬首炮　　　圖20　展身

戴氏心意拳，展身束身，皆可攻擊對手。

【動作20】從虛靈步轉至虎步，從束身轉至展身，同時在前方向下畫弧線。

【要領】向下畫弧線的動作，和身法、步法協調，並且同時完成。（完整一致）

【內勁】丹田翻轉，在上半身催動胸、肩、肘、手，下半身將力道運轉至胯、膝、腳後跟（釘勁、腳後跟勁），反作用力抵達梢部。滾勁、釘勁（後跟勁）同時催動前腳（胯、膝、腳），將勁送至右拳。

【要領】身如弓、手腳如箭

【用法】透過這套動作的起勁和擠勁，上擊對手下頷，讓其失去重心，在其倒而未倒時，由下落補勁。（落也打）

（10）追拳　　　　　　　　　（動作21～動作23）

【動作21】右拳內轉，從臍前收回，拳面向上稍斜。身

動作21　追拳　　　　　動作22　寸步　　　　　動作23　上步

體微收，腳步不動。

【要領】①寸步和束身、手法相協調。

②在身體和右拳收回過程中，暗藏爆發力（蓄勁成威）。

【動作22】右腳寸步移動，右拳向前下方畫弧線攻擊。

【要領】①右腳寸步和左腳上步相統一，快速進行。

②兩肘夾肘，左掌心護住右拳手腕。兩肘不離肋、兩手不離心。

【用法】①雙方相距較遠時：

當遠離對手時，保持束身，寸步、上步直攻對手離自己最近的腹部、側腹部。

熟練之後，在距離對手較遠的位置也可以感知步法和身法的奧妙。

②當攻擊被擋住時：

當對手用一隻手或兩隻手防禦攻擊時，自己並非僅僅

手打，而是將步法、身法協調產生的合力作用於對手，擊飛對手（硬打硬進無遮攔）。同時，針對對手的直線防禦，可採用畫圓以吸收對手力道的手法，進而攻擊吞吐。

【動作23】繼續上一動作，左腳上步，同時兩手保持合抱姿勢，收於小腹之前。

（11）渠性如風　　　　　　　　　　　　（動作24）

【動作24】提右大腿，腳與膝平，膝與胯平，手與膀平，肘與心平。右拳向斜上方攻擊，拳心向上。左掌緊跟右拳小指一側，護住右手腕側。

【要領】①腳尖、大腿和地面平行抬起。

②束身、提膝、出拳相一致。

（12）倒輪手　　　　　　　　　　　　　（動作25）

【動作25】右腳向後落下，腳尖先著地，同時右拳變掌

動作24　渠性如風　　　動作25　倒輪手　　　動作26　六合勢

收回。

【要領】腳落地，同時右拳落下。

【用法】用右手攻擊對手面部，也可用右手按住對手反擊的左手，左手繼續攻擊面部。拳譜云：「拳去不空回，空回總不奇。」

（13）六合勢　　　　　　　　　　　　　（動作26）

【動作26】左腳靠近右腳，同時束身，右掌變拳，放於臍右側，左掌下放回到六合勢。

【要領】①兩手畫弧。

②手法、身法、步法相互協調一致。

【用法】攻擊之後，和對手間隔一段距離，做靜候狀。即使動作停止，注意力仍集中觀察對手和周圍狀況。

四把正面

六合勢　　　　　按頭勢

一寸二踐

橫拳　　　　　轉身　　　　　（照片顯示轉身後的反
方向動作，以下圖片均
為反方向動作）

鷂子入林　　　　挑領

鷹捉

斬首炮

追拳

渠性如風　　　　倒輪手　　　　六合勢

夾剪勁的動力解析

利用「夾剪」形成合力。

裹　胯

大腿部、膝蓋均向內扣。

左腳膝蓋內側與右腳膝蓋約重合 1/3。

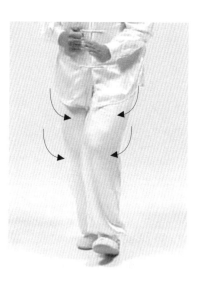

「看斜卻是正」

夾剪勁

通過兩刃配合，剪子就可以更好地剪東西。

膝蓋、腳尖均向內扣，雖姿勢傾斜，但力道卻是朝向正面的。（看斜卻是正）。

寸步的距離,開始時小步練習,隨著逐步熟練幅度不斷增大。

做虛靈步時,裏胯動作可使後腿膝蓋朝向正前方,這是因為從丹田發出的勁力不會偏離左右,而是至正前方。

·四把用法

按頭勢用法

用右手手背、手腕上擊對手下頜。(用手背前部掃擊對方面部)

用膝蓋上頂對手襠部。當和對手之間存在一定距離時,則可用膝蓋踢對手的大腿或小腿,也可以用腳尖踢。

手法和腿法（提膝），可選其中一種方法使用，也可兩者並用。

車輪步用法

四把當中，將渠性如風所用步法稱為「車輪步」。

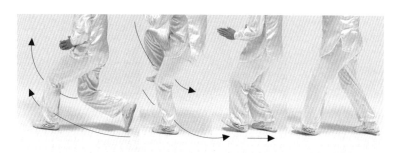

Ⅲ掛
　用腳後跟撞擊對手前腳，打破對手平衡，並使其摔倒。

Ⅰ提膝
　①用膝蓋上頂對手襠部或大腿。
　②當腳在前方落下時，用前膝攻擊對手下腹或者大腿。

※根據實際情況，可單獨使用Ⅰ、Ⅱ、Ⅲ的各自步法，也可使用Ⅰ-Ⅱ、Ⅰ-Ⅲ等組合形式，或者將Ⅰ、Ⅱ、Ⅲ三種步法連續使用。

Ⅱ踢
　用腳尖踢對手的小腿或膝蓋。

投手用法

寸步，練得盡力縮短與對手間的距離，「丹田一動渾身動」。「束中進」就是沒有斷勁，束鑽勁合得緊湊，幅

度小則變化大，不丟不頂，四兩撥千斤，攻防自如，行動敏捷，令對手來不及反應。

寸步，呈虎步，攻擊對手心窩

一寸二剪和橫拳用法

⊙一寸二剪

按照圖中①→②→③的順序有節奏地移動步子，縮小與對手之間的距離。

橫拳用法

用左手擋開對手的右拳，同時出右拳攻擊對手腹部。用成虎步的左腳，去踢對手的前腳，或者進入對手中門，在對手前腳外部固定對手，以防止其逃跑。

從轉身鷂子入林到挑領

用法是針對背後的對手，轉身進入對手中門，以鑽進對手懷中。由肩部鑽入，從肘部內側到手腕處向上發力。

　　可由頭部、肩部、肘部內側以及手腕等部位發力。拳譜云：「反前顧後，反左顧右，變化無窮。」

王映海口傳
兔子要逃走的時候，老鷹從後方趕到兔子前面，襲擊兔子。

鷹捉用法

藉助向上擊打的右手力量回落，同時向前進，攻其面部。

右手動作迅速畫小圓，右手手法須與步法、身法相協調。

翻轉兩手手掌，如老鷹抓住兔子般，手掌成圓弧形戳擊對手臉部，使得對手後仰，無法發力。在步子前進的同時發力，向斜下方攻擊。

斬首炮用法

右手從下方向上擊出，攻其下頜。

翻轉右手，用前腕將對手往正前方斜下方向推出，並將其打飛。

虎豹頭的心理攻擊用法

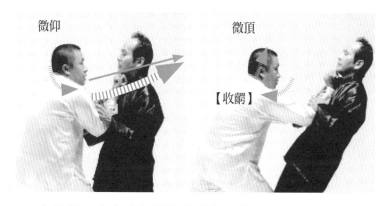

微仰　　　　　　　　　微頂

【收齶】

虎豹頭：束身臉部稍仰的狀態，如老虎探測獵物般。
眼睛炯炯有神，透過虎豹頭和身落手起相互協調，使

　　對手重心不穩。

　　手雖向上抬起，但以與身法、步法相協調，手的動作呈圓形攻擊（滾），如波浪擊打一般。（「起不起，落不落」即起不是起，落也不是落）

　　展身時，下頜微收。（收齶、微頂）

眼有監察之精
戴氏心意拳眼法

　　常言道：「眼睛是第二腦」「眼睛比嘴還會說話」，眼睛傳達了人的心理、狀態和行動等訊息。

　　在武術中，要迷惑對手，可以使用眼法，可起到誘導對手，或者使對手產生錯覺，或者避開時機等。戴氏心意拳的眼法，可以經常練習，從而巧妙運用。

　　戴氏心意拳的眼法表現豐富，可以將對手引向各種心理。

追拳用法

大步前進攻擊

⊙間距較遠時

和對手距離較遠時，保持束身，寸步，上步縮短距離，攻其腹部、側腹部。

⊙攻擊被攔截情形1

對手用單手或雙手防禦攻擊時，應融合步法、身法、手法，合力作用於對手，形成巨大的衝擊力。

⊙攻擊被攔截情形2

針對對手的直線型防禦，透過畫圓吞噬對手力道進而攻擊（吞吐）。

⊙針對強力防禦

可將對方防禦力量透過【吞吐】技法化解，同時前進【搬丹田】束鑽，既可化解對手力道於無形，又可以進而攻擊對手。

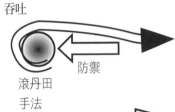

吞吐

防禦

滾丹田

手法

搬丹田

渠性如風用法

手打，腳也打。

用右拳上擊對手下頜，可將右手前腕下落攻其胸部。

左手既可防禦對手攻擊，也可補充右拳勁力。提膝，攻擊對手襠部。

手法和提膝同時進行。

右拳變掌，用小指一側出擊。同時，向前推出左掌攻擊對手臉部。

攻擊之後，與對手拉開一定距離，靜觀對手，也是蓄勁等待，但仍需集中精力觀察對手及周邊情況。

2 產生「勁力」的條件 之三六合

內三合：心與意合，意與氣合，氣與力合。

外三合：手與足合，肘與膝合，膀與胯合。

內三合、外三合相融合，即成六合。所謂六合，指的是全身極為協調。

「發勁」是指全身自然協調所引出的力量。

手腳法

眼要尖手要饞，腳踏中門往裏鑽，眼有監察之精，手有撥轉之能，腳有行程之功，趁其不備而攻之，由其不意而出之。前腳趁後腳，後腳踩腿彎，起而未起占中央，兩手藏在肋下叉，兩手不離肋，兩手不離心，出洞入洞緊隨身，腳踏中門搶地位，就是神仙也難防。膀打一陰反一陽，兩手隻在洞中藏。天為一大天，人為一小天。牆倒容易推，天塌最難防，雨灑灰塵淨，風順薄雲回。熊出洞，虎離窩，硬崩摘豆角，犁之下項，將有所去。虎閉其勢將有所取，勢正者不上，勢遠者不上，知遠、知近、知老、知嫩，見空不上，見空不打，上下相連，心動身不動枉然，身動心不動亦枉然，手去腳不去枉然，腳去手不去亦枉然，手足齊到方為能。行如槐蟲，起如挑擔，隨高打高，隨低打低，將起就起，以低望高。打人不見形，如見形影不為能，要得法，雲遮

月，進門不能取勝，必有膽寒之心。起不起，何用再起，落不落，何用再落，起落二字如心齊，橫勁變直勁，直勁變橫勁。看正卻是斜，看斜卻是正。手從懷中出，腳從肚裏蹬。守中央顧中央，守住中央占中央，顧住中央打中央。外胯打人難變勢，裏胯打人魚打挺。把把如炮，步步如虎，足打七分手打三，五行四梢要和全，氣浮心意隨時用，硬打硬進無遮攔，起無形，落無蹤，起落二字無蹤影，肘打去意占胸膛，好似反弓一粒精，丹田久練靈根本，五行合一見其能。

王映海口傳

就像一部作品需要大家相互協作才能完成一樣。

指揮者把握全局，綜合判斷，逐一指示，各人用高技術共同分擔，各司其職，各盡其能，必能創作出優秀的作品。

動法

心動似火焰，心一動渾身俱動，內外要齊一，肝動似飛箭，肺動成雷聲，脾動結架功，腎動快如風，五行合一處，放膽即成功，又膽與怒合，有膽方有決心，有怒方有殺心，有殺心有決心方可成功。故一動間喊動枝葉，一枝動百枝搖矣，學藝者身動不及心動，先到一心後到一身，能教一思進，莫教一思存，說話辦事三思必無錯，武藝三思必有凶，可不慎乎，又心動身不動枉然，身動心不動亦枉然，但心動身未有不動者。

故武藝只在一怒間，怒者心動之謂也，怒從心上起，惡向膽邊生，則膽怒合而動矣。

身法謹慎

> 君子若修一身真，意氣君來骨肉臣。
>
> 眼有視察之功，耳有採聽之能，其精靈之意在於我心。
>
> 出洞則寒之秀氣逼身，入洞則冰之精氣隨身。
>
> 若熟見一身勢法，則能辨別一形出處。
>
> 眉笑面喜唇不動，鼻骨紅透逼冷手。肩打一陰翻一陽，兩手隻在洞中藏，兩肘不離肋，兩手不離心，出洞入洞緊隨身。
>
> 肘打去意占胸膛，起手好似虎撲羊，進步好似捲地風。

• 武術掌握階段

三動

> 心意拳發勁的練習順序，是先輕動後重動，然後靈動。
>
> 輕動是掌握發勁的方法和路線，重動是在輕動的基礎上把自身的力量逐步蓄進去，產生爆發力。靈動是輕動的方法和路線，加上重動的力量，產生剛柔相濟的內勁。柔則是剛產生的，先有剛勁，才能練出柔勁。

•丹田養成的四個階段

第一階段：蹲丹田　　　第二階段：搬丹田
第三階段：射丹田　　　第四階段：養丹田

王喜成解說

在戴家心意拳裏，田就是地，丹就是濃縮的內氣精華。丹田可以理解為爆發力的聚集源頭，大致位置在肚臍下方的氣海處（常說的下丹田）。

蹲丹田是引導出身體的爆發力到丹田。搬丹田是將丹田引出的爆發力挪到不同方向。在蹲丹田和搬丹田階段都要反覆地意想丹田，然後才能做到意守丹田。

在射丹田階段，丹田精縮，蓄勁極微但發勁極快，無須意想，隨感而應，達到渾身無處不丹田的階段。

在養丹田階段，進一步精煉丹田，柔而不弱，剛而不僵，達到剛柔相濟、變換自在的虛靈領域。

中丹田是產生雷聲和力量的地方，上丹田是產生神（殺）氣的地方。

第一階段：蹲丹田

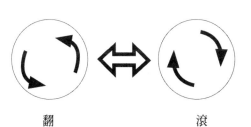

翻　　　　　滾

蹲丹田，是指回轉丹田（翻滾）。翻滾丹田是由束展把爆發力引導到丹田。

第二階段：搬丹田

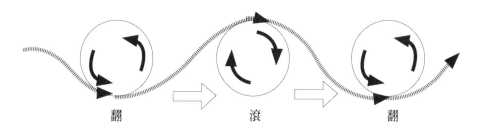

翻　　　　　滾　　　　　翻

搬丹田，使翻轉丹田與步法相協調，並由移動重心，把爆發力挪到不同方位。

第三階段：射丹田

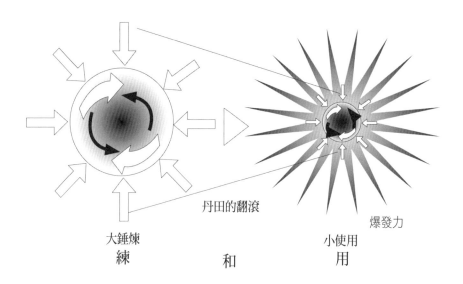

丹田的翻滾

大錘煉　　　　　　　　　　　　　　　　小使用

爆發力

練　　　　　　　和　　　　　　　用

射丹田，即由蹲丹田、搬丹田的錘煉，使丹田凝縮，蓄勁極微但發勁極快，射丹田具有強大的爆發力。

第四階段：養丹田

養丹田，是指經過蹲丹田、搬丹田、射丹田後錘煉的丹田更加精煉，從而達到剛柔相濟、變幻自在的虛靈境界。

> 重神不重形，重內不重外。
>
> 拳無拳來意無拳，無意之中是真意。

用法

1 十大形

龍形

•龍形用法

若對手出右拳，則需前進寸步用左前腕避開（用拳或掌攻其下頜，前腕攻其胸口）。前進寸步，配合左拳，手法的防禦以及攻擊力量將會大大提升。

提左膝，上踢對手
襠部或前腿，用左腳後
跟連踹對手腹部，同時
出右掌攻其臉部。

馬形

•馬形用法

當對手雙拳攻來或想抓住自己時，前進寸步兩手扇
開，擋開對手兩拳（領、化），進而化解對手力道。

提膝，上頂對手襠部或前腿，右拳下擊對手腹部。右膝上頂對手腹部，右腳踩踏對手腳部，或撞擊對手的腳（踩）。

寸步、提膝、落步一氣呵成。

•鷹形用法

鷹形

若對手出右拳，則需前進寸步，用左前腕擋開，同時用右掌手指攻其腹部後上擊對手下頜右側，並用前腕攻其胸部。

　　兩手合翻，畫弧般上戳包住對手臉部，使其頸部後仰，向後倒下。提右膝上頂對手襠部，進入對手中門，破壞對手中心和重心，防止對手後退進行防禦。

　　鷹捉兔時，鷹爪蓋住兔頭使其無法逃脫。

•熊形用法

熊形

　　右掌和左前腕相配合，集中步法、身法的勁力，使對手受左拳攻擊，失去重心。

　　針對從其他方向攻擊而來的對手，運用熊形步改變方向，用右前腕擋開，用左拳和左肩攻擊。

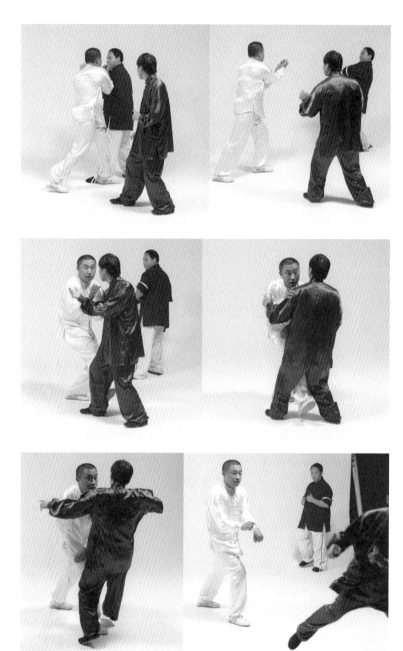

2 其他用法

•白鶴亮翅用法

對手踢腿時，我稍向後，避開力點，右手上提對方來腳。

手畫弧線，向對手中心出擊。

對手必跌出。

•捉邊炮用法

　　在對手出右拳之際，前進寸步用左手擋開，用肘部上擊對手胸口，上步，進中門，成虎步，右手前腕下攻對手中心。

破壞對手中心，將對手擊出。

•躦拳用法

對手若出右手抓向自己胸部，我則用右手抓住這隻手（拿），左前腕上壓對方右臂，抓住其關節（拿），擰腰右旋，整體施加螺旋勁於對手。

　　若被對手抓住頭髮，我即鎖住對手的手腕（反關節拿法），撤步側身旋轉，使其被動失勢。

•摟把用法

對手壓住或抓住自己肩部時，束身（縮），雙手托住對手腋窩，提起對手重心（起），畫弧般向下攻擊（落）。

磨手

• 要領

磨手，是指在和對手接觸的攻擊防禦過程中，洞察對手動向，鍛鍊自身反應的一種練習方法。

要領即捨己從人，捨去拙力，感知對手的動向、接觸點和對手整體行動。這是一種跟隨對手動向，將其導向有利於自身的方向，進而攻擊對手的練習方法。

• 練法

餵手：練法的用法

磨手並無固定形式，是在自由的動作中感知對手動向的感覺訓練。為了達到應對對手動向的訓練目的，要進行放鬆的、不使用拙力的練習。

甲：王映海（黑服）　　　　　乙：王喜成（白服）

•技擊練習

磨手的練法中融入技擊進行練習。
技擊有打法（打擊）、擒拿法（關節
技）、摔法（投技）等。

銀手：用法的用法

磨手的技擊練習中，以熟知與對手的陰陽交感、相互
作用等為目的。因此，首先要感知對手的動作和力道的作
用，並練習如何應對。

乙要上頂甲的下巴，在甲面前伸出手時，甲左腳上前
一步（上步），躲過乙的攻擊，使其重心前傾，同時甲的
左腳跟緊乙的右腳外側，占其中心。

乙想要後退調整重心時，甲在該動作之前出擊。

　　乙前進頂甲的前胸時，甲提右腳屈膝前傾以擋住乙方攻擊，托住乙方右臂向右旋轉，使其重心上提，上步，從乙的外側取其中心，進而進攻，使乙方跌倒。

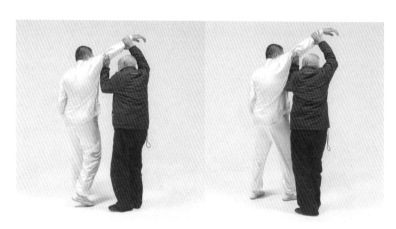

附錄

王映海技擊集

戴氏心意拳所培養的並不是外形，而是包含在其中的內意，是心意和內勁的巧妙變化。僅僅是輕輕的碰觸，也可以使對手重心上浮。全身發出的勁力毫無破綻，使對手無法捕捉，也沒有應對之術。

　　若對手繼續攻擊，則需集中精力，以便在防禦的同時展開進攻。

　　運轉丹田，身法由束身展開，手法也在畫圓時進行，圓小而銳利。

在對手只是前進時，需將勁力作用於對手。

不論上下，攻擊在無形中顯真意。

與對手接觸時，迅速將勁力滲透於對手的身體裏。

接觸之後，開始發勁，作用於對手身體的中心。

身體上下起落，自由變化。無形之中，即使力量增大對手也無法看清動作。

手法一上一下不
斷變化，熟練之後的
勁力，如同水中翻滾
的波浪，使對手不見
端倪，就連勁力的開
始、方向和力道也渾
然不知。

學藝
問答錄

心意拳基礎

問：怎樣練好心意拳？

答：首先，要接地氣。中華武術是我國古代勞動人民從長期的生產生活實踐中總結出來的，心意拳也不例外。武術源於生活，所以我們在練習時必須要與生活結軌，要接地氣。

其次，要掌握正確的練習方法。武術，術就是方法，練武術就是要掌握正確的方法。一個簡單的動作反覆地做，練的時候一定要以質取勝而不是以量取勝。老輩人常說，練拳是磨藝，而不是賣苦力。要耐得住性子，長期積累自然會有收穫，因為「平常心即是道」。

第三，要把握好拳理和拳法的關係。拳譜上說的是拳理，拳法是練習的方法。理論是在實踐的基礎上總結出來的，武術是先有的拳，後有的譜，拳法在不同時期、不同環境會發生不同變化，而譜是基本不會變的，即便有小的變化也是口誤或音同字不同。所以，拳譜是給會練的人留的，明拳法才能懂拳理，不是明拳理才懂拳法，拳理拳法要合二為一。

練好心意拳有以下幾個方面的因素，用一個公式來表示就是：武學技藝＝本錢（人本身的力量、悟性、殺氣）＋符合陰陽的動作（縮、束、展、脹、上、下、左、右、前、後，蓄勁和重心、中心）＋時間（功夫）

問：心意拳中講的「六合」是什麼？

答：六合就是內外三合。內三合是心與意合、意與氣合、氣與力合；外三合是手與腳合、肘與膝合、膀與胯合，也就是說要做到內外三合的協調統一。從主要方面講是六合，實際上不止這些合，我們日常生活中所有的自然動作都是六合。

問：練拳時是不是必須做到收臀提肛、五趾抓地？如何做到收臀提肛？

答：收臀提肛、五趾抓地，在理論上講，是有這些的，但在實際練習與運用過程中，是不能要求這些的，因為收不收臀、提不提肛、五趾抓不抓地，本身人就有這個功能，該收自然會收，該提自然會提，不用去想。比如人在坐著的時候，只要想站起來，不用想收臀提肛、五趾抓地，臀部自然就會收起，肛門自然就會收縮，五趾也自然會抓地，這是人身體的本能。再比如練蹲猴樁的時候，我們一弓腰就會自然收臀提肛，如果練習過程中去想五趾抓沒抓地，有沒有收臀提肛，就練成「拳呆子」了。

問：練拳時如何做到放鬆？放鬆的標準是什麼？

答：放鬆不是想出來的，放鬆的前提是要做到動作的尺寸、角度正確，正確了就平衡了，平衡了就自然了，自然了就放鬆了。放鬆的標準是尺寸、角度正確的基礎上，夠支撐自重的力量就可以。比如我們平時自然坐著的時候就是平衡狀態，我們就是放鬆的。

問：**練拳時如何調整呼吸？**

答：練功時要以意念引導自然的內呼吸，再結合毛孔呼吸（體呼吸），也就是外呼吸，使內外呼吸合二為一。吸時，將氣經肺引至丹田，歸到湧泉。呼時，引導出爆發力，勁達四梢。做到束時吸氣，展時呼氣，鼻吸口呼，呼中有吸，吸中有呼，呼吸自然；以意領氣，以氣催勁，勁達四梢，最終達到全身協調統一。

問：**什麼是丹田？**

答：田就是地，地就是一個空間，由這個空間，得到一個果實，丹就是這個果實。丹田可多方位翻滾，丹是可以向四面八方直彈直射。丹田分上中下三個，上丹田在兩眉之間，中丹田就是兩乳之間，下丹田，也就是氣海，在臍下三寸的位置。

好多人認為丹田越硬、越大越好，實際上丹田鬆軟才能瞬間爆發，如果是硬的，爆發就遲鈍了。

問：**什麼是意守丹田？**

答：先有想後有守，先是意想丹田，才能做到意守丹田，沒有意想就做不到意守。意想就是長期練習，練得有了感覺的方法。有想法、沒方法是幻覺，有想法、有方法就會有結果。意守就是透過意想掌握了正確的練習方法，透過練習到達一定境界，做到柔而不弱、剛而不僵、不卑不亢、不丟不頂、陰陽相合、剛柔相濟、虛實互用，這就達到意守的境界了。

問：練好心意拳要分幾個階段？

答：主要分三個階段：

第一階段是練好身法

要練好身法，就要練好丹田氣；要練好丹田氣，就必須練好蹲猴樁（象形取意）。蹲猴樁就是把人體想像成一個球體，由外形動作先縮和束、後展和脹達到訓練的目的。縮和束是為了蓄勁，展和脹是為了爆發，就是靠丹田氣和身體的慣性展和脹，結合意境的變化，由長期反覆練習，使下丹田（主氣）、中丹田（主力）、上丹田（主神）的氣、力、神融為一體，最終達到熟而生巧，巧而生妙，神聚上丹的境界。這就練出了一個整體爆發力，沒有爆發力就沒有殺傷力，然後再以雷聲（就是身體展脹的時候，一瞬間爆發產生出來的聲音）把勁引導出來。相當於造好了一台發動機，起到產生動能的功效。

第二階段是練好步法

腳有行程之功，是練步法的要求，通過練習「搬丹田」，就是把站蹲猴樁練出來的丹田氣、爆發力引導到腿上，做到丹田催胯、胯催膝、膝催腳，最後做到「起前腳，帶後腳，平飛而去」。好比一台車的變速箱，把氣變到腳上。

第三階段是練好手法

手有撥轉之能，是練手法的要求。在練好身法、步法的基礎上，把站蹲猴樁練出來的丹田氣和爆發力，引導到手上，也就是丹田催胸、胸催膀、膀催肘、肘催手，做到節節貫通。

　　透過身法、步法、手法的練習，使身法的力量貫穿到根節、中節、梢節，由內而外，做到根節催、中節隨、梢節追。結合腰胯的旋轉（就是斜正），就可以做到隨機應變。

蹲猴椿

問：練蹲猴椿要分幾個步驟？

答：要分三個步驟：

一是輕動

就是方法和路線，相當於蓋房子的圖紙。

二是重動

就是在方法和路線掌握熟練的基礎上，逐步把自身的力量蓄到七八成，蓄勁火候要掌握在你能駕馭的情況下逐步增加，不能超負荷，否則就會破壞結構，會卡住，勁就打不出去。重動練出來的是明勁，明勁就是看得見、摸得著的勁。重動裏頭就有一定拙力的成分，比如，一開始要求放鬆不要有拙力，理論上講是對的，但實際上做不到，必須經由長時間磨鍊，熟能生巧了，就協調自然，沒有拙力了，就能放鬆了。

三是靈動

　　輕動與重動結合起來練習，練到一定階段形成靈動，靈動純度高了以後，就會形成暗勁。

　　暗勁是不發聲的勁；動作幅度很小就能產生很大威力的勁；純度很高，雜質基本等於零的勁；練到了丹田的境

界的勁；濃縮成精華的勁。

輕動、重動、靈動三者不能截然分開，比如練輕動時，慢慢就會有重動的成分；練重動時，慢慢就會有靈動的成分。

問：練蹲猴樁時，眼看天花板，這樣的姿勢正確嗎？

答：不正確。拳譜裏講：「頭要微仰，卻要正，二目平視，眼與目合，虎豹頭。」武術源於生活，練拳要和生活接軌，一個人自然坐的時候，眼睛去看天花板，這個動作肯定是不自然的。練功時也一樣，眼睛如果看天花板，頭肯定就不是微仰，眼睛也不是平視，這與拳理的要求是不相符的，與日常生活的自然動作也是不相符的，所以這樣肯定是錯的。只有按照拳譜要求，同時遵從自然的法則才是正確的。

問：練蹲猴樁時重心應該放在腳的哪個位置？

答：重心在腳掌還是在腳跟，沒有絕對的標準，每個人的感覺不一樣，自然站立時重心在腳的哪個位置就是哪個位置。

問：練蹲猴樁時怎樣處理縮和束的關係？

答：要先縮後束，縮是橫向的，由含胸裏胯為主組成；束是縱向的，由弓腰、頭微仰、腿彎曲組成。

縮和束的前半部分大約縮為七成，束為三成，縮中帶束，以縮為主；後半部分大約縮為三成，束為七成，束中

帶縮，以束為主。

問：為什麼練蹲猴椿時束身以後和展身以後都要停頓一下？停頓多長時間為宜？

答：每次練束和展之後必須有意停頓一下，停頓的時間不是越長越有功夫，一般以三五秒鐘為宜，束了以後馬上停住，把心和形切斷，不能有展的意思，要有充足的時間來判斷識別你的動作是否符合要領規矩，同時要把氣貫足；展了以後也要停住不動，同樣判斷一下動作是否符合要領規矩，同時把勁打透。

問：練蹲猴椿的束和展在速度上應該怎樣把握？

答：如果束的速度比展的速度慢了，就會蓄勁不足，展的時候爆發力也不足，從用法的角度講，「起也打、落也打，起落二字如水中之翻浪」，如果二者不協調，就達不到意守丹田的境界，這時就會出現爆發力虛，重心不穩，頭的頂勁不集中的問題。

所以，縮與展的力量、速度要相同，更重要的是輕動和重動時頭的頂勁的角度要基本一致。

問：「雷聲」是用鼻子還是用嘴發出來的？

答：雷聲是爆發產生出來的聲音。人在日常體力勞動中，發聲是用嘴發的，所以，練功時雷聲一定要用嘴發出來。從嘴發聲是舒展發聲，用鼻子發聲會有阻力，不通暢，就會影響到內臟。

問：怎樣能練出「雷聲」的穿透力？

答：靠身體的協調性和慣性，爆發點的火候，膽與怒相合產生的殺氣（也就是意境的變化），就會發出有穿透力的「雷聲」。

問：練功時是舌頂上齶還是舌抵上齶？牙齒應該是怎樣的？

答：舌抵上齶，而不是頂，只要舌頭挨住上齶就會產生唾液，所以不需要頂，練熟後抵上齶也不用了，開始只是起個引導作用。牙齒做到微叩即可。

步法與技擊

問：練步法時，前後腳重心的比例是多少？

答：練步法時，理論上講前後腳重心的比例是前三後七，但這不是絕對標準，這個比例是根據實際情況而有所變化的，也有可能是前四後六，或者前二後八。

問：前腳挨住地，重心全在後腳，這種說法對嗎？

答：不對，因為前腳只要挨地，就必然要承受一部分重量，不可能重心全在後腳。

問：身法、步法、手法在技擊中如何運用？

答：相同的環境、不同的意境就會發生不同的變化。不同的時期不能用相同的方法。

　　比如，在練習階段，就要用「練法的用法」，練到一定程度就要學習「用法的用法」，在實際技擊中要明白「法無定法」的道理，不能「死按套路出牌」，而要做到「整學零使喚，活學活用」。

　　問：練步法的時候有什麼注意事項？

　　答：練步法時腳後跟先落地，然後腳掌著地，兩個腳轉換的時候才發勁，才五趾抓地。如同人平時走路一樣，如果練步法時發出的是磨擦聲，就是對的，如果發出的是撞擊聲，就是錯。發出撞擊聲，從身體角度講，對膝蓋有傷害；從技擊角度講，會產生阻力。

　　問：為什麼說「身如弓，手如箭」？在技擊中身、手、腳三者的關係是什麼？

　　答：拳譜上講，「身如弓，手如箭」。「身如弓」就是說練拳時身體好比三張弓，含胸裹胯是橫向的兩張小弓，束身是縱向的一張大弓。「手如箭」就是說用手去攻擊對方的時候，就如同身體這張弓射出去的箭一樣。

　　拳譜上沒有說「腳如箭」，但是「六合」中講「手與腳合」，「手到腳不到枉然，腳到手不到枉然，手腳並到方為能」，所以，應該說「身如弓，手腳如箭」，才能起到「遇敵好似火燒身，束身直進虎撲羊，束展二字一命亡」的效果。

問：在技擊攻防中注意哪些要領？

答：要注意三個要領：一要做到攻中有防，防中有攻，攻防自如；二要做到守中央、占中央，守住中央顧中央，顧住中央打中央；三要做到把握住自己的重心，掌握住自己的中心，控制住對方的中心，破壞對方的重心。

問：心意拳主要有哪些勁？分別怎樣解釋？

答：心意拳前輩大師們在長期的實踐過程中，主要總結了十種勁，分別是束、鑽、抖、撇、剎、踩、撲、裹、舒、決。

束、束身一也；鑽，是伸也；抖，是橫也；撇，是順也；剎，是住也；踩，如踩毒物也；撲，撲者如兔虎之撲也；裹，包裹而不露也；舒，舒者舒展其力也；決，決者決裂心腸也。

心意拳拳譜

·十六注法

一寸、二踐、三鑽、四就、五夾、六合、七齊、八正、九驚、十勁、十一起落、十二進退、十三陰陽、十四五行、十五動靜、十六虛實

一寸——寸步也。

二踐——腿也。

三鑽——伸也。

四就——將起就起，隨高而起，隨低而落。

五夾——夾剪之夾也，即穀道上提，兩股夾緊也。

六合——內外三合合二為一合，成其六合也。

即心與意合，意與氣合，氣與力合，為內三合；

膀與胯合，肘與膝合，手與足合，為外三合。

七齊——頭、手、肘、膀、胯、膝、足齊，人身等為有十四拳卻是十三拳，頭為兩拳。

八正——直也，看正卻是斜，看斜卻是正。

九驚——驚起四梢論，毛髮為血梢、舌為肉梢、牙為骨梢、指甲為筋梢。

十勁—— 摩經摩勁，意氣連心。

十一起落——起是去也，落是打也，起亦打，落亦打，起落二字如水中之翻浪，方謂起落也。

十二進退——進步低，退步高，看進而退也，看退而進也，進退不明枉學藝。

十三陰陽——看陰而有陽，看陽而有陰，無陰不生，

無陽不長，天地陰陽相合 能下雨，拳術陰陽相合成其一塊，皆為陰陽也。

十四五行——未從開拳動五行，內五行要動，外五行要隨。

十五動靜——動為作用，靜為本體，若言其靜，未露其機，若言其動，未見其跡，動靜是發而未發之間，謂之動靜。

十六虛實——虛是精也，實是靈也，精靈皆有，成其虛實，拳經曰：精養靈根氣養神，養功養道見天真，丹田養就長命寶，萬兩黃金不與人。天為一大天，人為一小天，牆倒容易推，天塌最難擎，雨灑灰塵淨，風順薄雲回。熊出洞，虎離窩，硬繃摘豆角，犁之下項，將有所去，虎閉其勢，將有所取，勢正者不上，勢遠者不上。知遠、知近，知老、知嫩，知窄、知寬，上下相連。心動身不動則枉然，身動心不動亦枉然，一戰要勢吊鬼，閃展騰挪，足底雖隨明，只是把式，打來亦算好武藝，或問曰：爾以何藝為先？答曰：行如槐蟲，起勢如挑擔，手從懷中出，腳從肚裏蹬。

旋轉

丈夫學得擎天手，旋轉乾坤明不朽，豈止區區堪小試，鴻功大業何難有。

旁通

不是飛仙體自輕，居然電影令人驚，看他挑撥奇謀勢，盡是旁通一片靈。

沖空

一波未定一波生，彷彿蛟龍水面行，忽而沖空高處躍，水中翻浪細思尋。

熊意

行行出洞老熊形，為要防心勝不伸，得喪只爭斯一點，真情寄予有情人，聲高雄勇令人驚。

鷹勢

英雄處世不驕矜，遇便何妨一學鷹，最是九秋鷹得意，擒完狡兔便超升。

虎風

撼山容易撼軍難，只為提防我者完，猛虎施威頭早抱，齊心合意仔細閱。

鵬情

一藝求精百功成，功成雲路自然通，扶搖試看鵬飛勢，才識男兒高世風。

雷聲

奪人千古仗先聲，聲裏威風退萬兵，就是癡情天不怕，迅雷一震也應聲。

風行

為嶂封姨刀最神，拆花吹柳轉風輪，饒他七處雄兵還，一掃空塵一路空。

葆真

六朝全盛慶升平，武事仍隨文事精，安不忘危危自解，與人何事更無爭。

鳳翅鐺

軍中兵器忽成祥，兩翅居然似鳳凰，可是似禽還羽化，古來陣上一翱翔。

師真誰見鳳來儀，有器先成全盛機，欲媲岐山鳴瑞美，洗兵天苑太平時。

盤根

根株於帶陣相因，盤結多端賴有人，猿背封侯誰可恨，千鈞一髮見其神。

旋轉

翻身向天仰射手，左右旋轉名不朽，果毅既成豈小試，唐臣褒鄂功亦有。

旁通

何爾一瓶載若輕，恢諧上殿寺人驚，任憑施盡弓弩法，仙籍旁通萬變靈。

沖空

武裏勇力冠群生，奪得崑崙無夜行，直凝將軍天外降，沖空霹靂使人驚。

翻浪

落花流水面文章，韜略無須畏強梁，八陣翻浪千載仰，須臾變化就能量。

熊意

桓桓寫出老熊形，山麓藏身意欲伸，只父爪牙聊一試，群驚辟易萬千人。

鷹勢

風塵同處曷容矜，飛躍蒼茫試學鷹，勢豈空拳爪力

勇，擒拿奸兔不落空。

虎風

風雲成陣又何難，環衛儲胥士卒完，蒙馬虎皮成霸績，陳師予可同參。

鵬情

武穆天成百戰功，不煩指教自然通，翼雲忠以金牌並，鵬亦因情轉世風。

風行

颯爽英姿信有神，騰騫無礙軼雙輪，試看行止真暇整，指顧風生淨翅塵。

雷聲

誰將旗鼓壯軍聲，凱唱歡呼退敵兵，豈是空談三捷武，聞雷失者自應驚。

葆真

梯航萬國頌承平，奮武撥文事有精，善性葆真洵可樂，行將雀鼠念無爭。

• 講四梢

何謂四梢？

舌為肉梢，牙為骨梢，手、腳指甲為筋梢，渾身毛髮為血梢。

四梢俱齊，五行齊發，血梢發起不凶，牙梢肉梢不知情，筋骨發起不知動，身起未動可知情，才知靈心大光明。

　　兩肘不離肋，兩手不離心，出洞入洞緊隨身，進步快似卷地風，疾上更加疾，打了還嫌遲，天地交合能下雨，要得法雲遮月，武藝戰爭蔽日光，閉住五行。

　　裏胯打人變勢難，外胯打人魚打挺，與人交戰，須明三尖：眼尖、手尖、腳尖是也。腳踏中門搶地位，就是神仙也難防。

　　如長蟲吸食，內使精神，外示安逸。

　　守如處女，出如脫兔，追其形，追其影，縱橫往來，目不及瞬。大樹成林在其主，巧言莫要強出頭。架樑閃折不在重，有稱打起千百斤。

　　四梢說：人之血、肉、筋、骨之末端曰梢。蓋髮為血梢，舌為肉梢，牙為骨梢，指甲為筋梢，四梢用力，則可變其常態，能使人生畏懼焉。

血梢：怒氣填胸，豎髮衝冠，血輪速轉。
　　　敵膽自寒，毛髮雖微，催敵不難。

肉梢：舌捲氣降，雖山亦撼，肉堅似鐵。
　　　神勇敢，一言之威，落魄喪膽。

骨梢：有勇在骨，切齒則發，敵肉可食。
　　　齜裂目突，惟齒之功，令人恍惚。

筋梢：虎威鷹猛，以爪為鋒，手攫足踏。
　　　氣勢皆雄，爪之所到，皆可功。

•講五虎

　　何為五虎？

五行五精即此五虎，後世裏，行動營用計，如風雷疾，驚動四梢，四梢裏緊要封閉，蟄龍未起雷先動，風吹大樹擺枝搖，五行本是五道關，無人把守自遮攔。

無意求財去採花，難出大坑一陣間。

講十面埋伏陣勢，再意參想，莫相人前逞勢強，好強一定受顛狂，人不能欺天滅地。

究竟此陣之爭，是我自己不明所失，料理到此陣悔之晚矣！

解此陣不明，是自己不知，明到三心，不犯不自為戒律，既知巧手心不明，既知攻足心不明，既知蹬橋下自空。

論此橋事，有何緣故，此橋即是智謀，過此橋純凶無吉，以何為故。

以後理事，見是橋下凶，如不小心指輕為重，切莫中此橋之計。

大將傷壞三十二位，以後的千眾有餘，如不是拆橋計，齊傷他陣裏。

未出淨，眼樓猛見三條路，腳下有窟井，後有火燒身，可往前進，可往後退，

幸遇拆橋之計，莫拆淨，兩空留一空，後人可行。

逢一生一風一，非能見之，凃惡能議其好歹。

要務壯農先受苦，未至寒冬早備棉，看書千卷備應考，武藝只論見識淺。

世事人情都一般，看人心專與不專。

有人留意數句話，命宜求通也不難。

言不明，藝不精，只怕誤傷世上人。

百鳥飛投林會，一處求憩各自安。

蜜蜂採花調一處，成其為蜜人羨慕。

人彼開花樹滿紅，不知結果幾個成。

精密之言約立身，全其為人在明心。

心既明瞭萬法滅，照破世間無罪孽。

已心明瞭萬法終，自有賢人歸吾宗。

後　記

　　《王映海傳戴氏心意拳精要》的成書是種種機緣和合而水到渠成的。一者戴氏心意魅力獨特，二者貴人相助處處逢源。

　　本書的日文版在國內也有流通，網上要價不菲，也有人向我高價購買。這說明戴氏心意日益受到廣大武友的熱愛與重視，也說明日文版的製作確實精良，能獲得其他同類書籍中所沒有的資訊。尤其是攝影製圖，豐富、全面、細緻，值得國內出版武術書籍的同行學習。

　　序言中已經感謝了中方的各位朋友，在此也感謝本書日文版的工作人員，除了重要協助者袁天輝外，還有翻譯森本濠、黃恭惠，拍攝助手村上正洋、甲斐正也、江口博、佐藤宏信，照片整理者黑葛原圭一、前田互、大濱。

　　另外，在製作中文版的過程中，回憶起自幼練拳時爺爺的教導、自己後來獨自教學與獨自練習時新的感悟，還有師徒間關於練拳的各類問題的即興問答，其實都可以作為練習戴氏拳的參考。但是由於篇幅有限、時間有限，上述大多數內容未能載入此次出版的書中，希望今後有機會、有條件時，能將這些更具實踐性、經驗性、指導性的內容記錄成冊，以饗讀者。

王喜成

養生保健 古今養生保健法 強身健體增加身體免疫力

太極武術教學光碟

太極功夫扇
五十二式太極扇
演示：李德印 等
(2VCD)中國

夕陽美太極功夫扇
五十六式太極扇
演示：李德印 等
(2VCD)中國

陳氏太極拳及其技擊法
演示：馬虹(10VCD)中國
陳氏太極拳勁道釋秘
拆拳講勁
演示：馬虹(8DVD)中國
推手技巧及功力訓練
演示：馬虹(4VCD)中國

陳氏太極拳新架一路
演示：陳正雷(1DVD)中國
陳氏太極拳新架二路
演示：陳正雷(1DVD)中國
陳氏太極拳老架一路
演示：陳正雷(1DVD)中國
陳氏太極拳老架二路
演示：陳正雷(1DVD)中國
陳氏太極推手
演示：陳正雷(1DVD)中國
陳氏太極單刀‧雙刀
演示：陳正雷(1DVD)中國

郭林新氣功
(8DVD)中國

本公司還有其他武術光碟
歡迎來電詢問或至網站查詢
電話：02-28236031
網址：www.dah-jaan.com.tw

原版教學光碟

歡迎至本公司購買書籍

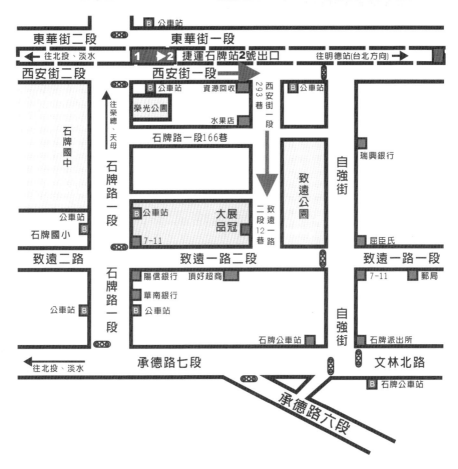

建議路線

1.搭乘捷運、公車

　　淡水線石牌站下車，由石牌捷運站２號出口出站(出站後靠右邊)，沿著捷運高架往台北方向走(往明德站方向)，其街名為西安街，約走100公尺(勿超過紅綠燈)，由西安街一段293巷進來(巷口有一公車站牌，站名為自強街口)，本公司位於致遠公園對面。搭公車者請於石牌站(石牌派出所)下車，走進自強街，遇致遠路口左轉，右手邊第一條巷子即為本社位置。

2.自行開車或騎車

　　由承德路接石牌路，看到陽信銀行右轉，此條即為致遠一路二段，在遇到自強街(紅綠燈)前的巷子(致遠公園)左轉，即可看到本公司招牌。

國家圖書館出版品預行編目資料

王映海傳戴氏心意拳精要／王喜成　主編
——初版，——臺北市，大展，2019〔民108．10〕
面；21公分 ——（形意‧大成拳系列；10）
ISBN 978－986－346－263－7（平裝附影音數位光碟）

1. 拳術　2. 中國
528.972　　　　　　　　　　　　　　　108013135

王映海傳戴氏心意拳精要 附 DVD

口　　述／王映海

主 編 者／王喜成

責任編輯／胡志華

發 行 人／蔡森明

出 版 者／大展出版社有限公司

社　　址／台北市北投區（石牌）致遠一路2段12巷1號

電　　話／（02）28236031‧28236033‧28233123

傳　　眞／（02）28272069

郵政劃撥／01669551

網　　址／www.dah-jaan.com.tw

E - mail ／ service@dah-jaan.com.tw

登 記 證／局版臺業字第2171號

承 印 者／傳興印刷有限公司

裝　　訂／眾友企業公司

排 版 者／弘益電腦排版有限公司

授 權 者／北京科學技術出版社

初版1刷／2019年（民108）10月

定　價／550元

●本書若有破損、缺頁請寄回本社更換●

大展好書　好書大展
品嘗好書　冠群可期